I0564852

4237

OEUVRES
POSTHUMES

D'ALPHONSE RABBE.

IMPRIMERIE DE PIHAN DELAFOREST (MORINVAL),
Rue des Bons-Enfans, N°. 34.

ALBUM

D'UN

PESSIMISTE,

VARIÉTÉS

LITTÉRAIRES, POLITIQUES, MORALES
ET PHILOSOPHIQUES.

—

OEUVRES POSTHUMES D'ALPHONSE RABBE.

—

Précédé

D'UNE PIÈCE DE VERS

PAR VICTOR HUGO;

Et d'une Notice

PAR L. F. L'HÉRITIER.

Louis-François

—

PUBLIÉ PAR LE NEVEU DE L'AUTEUR.

Paris.

LIBRAIRIE DE DUMONT,

88, PALAIS-ROYAL, AU SALON LITTÉRAIRE.

—

1835.

A Alphonse Rabbe,

MORT LE 31 DÉCEMBRE 1829.

———◦◦◦———

HÉLAS! que fais-tu donc! ô Rabbe, ô mon ami!
Sévère historien dans la tombe endormi!

Je l'ai pensé souvent dans mes heures funèbres,
Seul, près de mon flambeau qui rayait les ténèbres,

O noble ami ! pareil aux hommes d'autrefois ,
Il manque parmi nous ta voix , ta forte voix,
Pleine de l'équité qui gonflait ta poitrine ;
Il nous manque ta main qui grave et qui burine ,
Dans ce siècle où par l'or les sages sont distraits,
Où l'idée est servante auprès des intérêts ,
Temps de fruits avortés et de tiges rompues ,
D'instincts dénaturés , de raisons corrompues ,
Où, dans l'esprit humain tout étant dispersé ,
Le présent au hasard flotte sur le passé !

Si parmi nous ta tête était debout encore ,
Cette cîme où vibrait l'éloquence sonore ,
Au milieu de nos flots tu serais calme et grand ;
Tu serais comme un pont posé sur le courant.

Tu serais pour chacun la voix haute et sensée
Qui fait que tout brouillard s'en va de la pensée ,
Et que la vérité , qu'en vain nous repoussions ,
Sort de l'amas confus des sombres visions !

Tu dirais aux partis qu'il font trop de poussière
Autour de la raison, pour qu'on la voie entière ;

Au peuple, que la loi du travail est sur tous,

Et qu'il est assez fort pour n'être pas jaloux ;

Au pouvoir, que jamais le pouvoir ne se venge,

Et que pour le penseur c'est un spectacle étrange

Et triste, quand la loi, figure au bras d'airain,

Déesse qui ne doit avoir qu'un front serein,

Sort, à de certains jours, de l'urne consulaire,

L'œil hagard, écumante, et folle de colère !

Et ces jeunes esprits à qui tu souriais,

Et que leur âge livre aux rêves inquiets,

Tu leur dirais : « Amis, nés pour des temps prospères,

» Oh ! n'allez pas errer comme ont erré vos pères !

» Laissez mûrir vos fronts ! gardez-vous, jeunes gens,

» Des systèmes dorés aux plumages changeans,

» Qui, dans les carrefours s'en vont faire la roue !

» Et de ce qu'en vos cœurs l'Amérique secoue,

» Peuple à peine essayé, nation de hasard,

» Sans tige, sans passé, sans histoire, et sans art !

» Et de cette sagesse impie, envenimée,

» Du cerveau de Voltaire éclose tout armée,

» Fille de l'ignorance et de l'orgueil, posant

» Les lois des anciens jours sur les mœurs d'à présent ;

» Qui refait un chaos partout où fut un monde ;

» Qui rudement enfonce, ô démence profonde !

» Le casque étroit de Sparte au front du vieux Paris ;

» Qui, dans les temps passés, mal lus et mal compris,

» Viole effrontément tout sage pour lui faire

» Un monstre qui serait la terreur de son père !

» Si bien que les héros antiques, tout tremblans,

» S'en sont voilé la face, et qu'après deux mille ans,

» Par ses embrassemens réveillé sous la pierre,

» Lycurgue qu'elle épouse enfante Robespierre ! »

Tu nous dirais à tous : « Ne vous endormez pas !

» Veillez, et soyez prêts ! car déjà, pas à pas,

» La main de l'oiseleur dans l'ombre s'est glissée

» Partout où chante un nid couvé par la pensée !

» Car les plus nobles cœurs sont vaincus ou sont las !

» Car la Pologne aux fers ne peut plus même, hélas !

» Mordre le pied tartare appuyé sur sa gorge !

» Car on voit chaque jour s'alonger dans la forge,

» La chaîne que les rois, craignant la Liberté,

» Font pour cette géante endormie à côté !

» Ne vous endormez pas ! travaillez sans relâche !

» Car les grands ont leur œuvre et les petits leur tâche.

» Chacun a son ouvrage à faire ; chacun met

» Sa pierre à l'édifice encor loin du sommet.

» Qui croit avoir fini pour un roi qu'on dépose

» Se trompe. Un roi qui tombe est toujours peu de chose.

» Il est plus difficile et c'est un plus grand poids

» De relever les mœurs que d'abattre les rois.

» Rien chez vous n'est complet : la ruine ou l'ébauche !

» L'épi n'est pas formé que votre main le fauche !

» Vous êtes encombrés de plans toujours rêvés

» Et jamais accomplis. Hommes, vous ne savez,

» Tant vous connaissez peu ce qui convient aux âmes,

» Que faire des enfans ni que faire des femmes !

» Où donc en êtes-vous ? Vous vous applaudissez

» Pour quelques blocs de lois au hasard entassés !

» Ah ! l'heure du repos pour aucun n'est venue.

» Travaillez ! vous cherchez une chose inconnue ;

» Vous n'avez pas de foi, vous n'avez pas d'amour ;

» Rien chez vous n'est encore éclairé du vrai jour !

» Crépuscule et brouillards que vos plus clairs systèmes !

» Dans vos lois, dans vos mœurs et dans vos esprits mêmes,

» Partout l'aube blanchâtre ou le couchant vermeil !

» Nulle part le midi ! nulle part le soleil ! »

Tu parlerais ainsi dans des livres austères,

Comme parlaient jadis les anciens solitaires,

Comme parlent tous ceux devant qui l'on se tait,

Et l'on t'écouterait comme on les écoutait.

Et l'on viendrait vers toi dans ce siècle plein d'ombre,

Où, chacun se heurtant aux obstacles sans nombre,
Que, faute de lumière, on tâte avec la main,
Le conseil manque à l'âme et le guide au chemin !

Hélas ! à chaque instant des souffles de tempêtes
Amassent plus de brume et d'ombre sur nos têtes.
De moment en moment l'avenir s'assombrit.
Dans le calme du cœur, dans la paix de l'esprit,
Je t'adressais ces vers où mon âme sereine
N'a laissé sur ta pierre écumer nulle haine,
A toi qui dors couché dans le tombeau profond,
A toi qui ne sais plus ce que les hommes font !
Je t'adressais ces vers pleins de tristes présages.
Car c'est bien follement que nous nous croyions sages !
Le combat furieux recommence à gronder
Entre le droit de croître et le droit d'émonder.
La bataille où les lois attaquent les idées
Se mêle de nouveau sur des mers mal sondées.
Chacun se sent troublé comme l'eau sous le vent.
Et moi-même, à cette heure, à mon foyer rêvant,
Voilà, depuis cinq ans qu'on oubliait Procuste,
Que j'entends aboyer au seuil du drame auguste

La censure à l'haleine immonde, aux ongles noirs,
Cette chienne au front bas qui suit tous les pouvoirs,
Vile, et mâchant toujours dans sa gueule souillée,
O Muse! quelque pan de ta robe étoilée!

Hélas! que fais-tu donc? ô Rabbe, ô mon ami!
Sévère historien dans la tombe endormi!

Victor HUGO.

14 Septembre 1835.

ALPHONSE RABBE.

Le nom de Rabbe est un de ceux qui se trouvent inscrits aux cent mille colonnes de nos biographies contemporaines. Là, se voit rapporté avec une minutieuse exactitude combien de résumés historiques il a faits, combien de brochures il a publiées, combien d'articles sur les arts il a composés ; les gouttes de sueur qui coulèrent de son front y sont comptées ; car c'est tâche bibliographique que de noter un à un tous ces labeurs de commande, de constater, à sa date précise, chacun des actes du long et cruel supplice d'un pauvre diable que la faim a mis à la discrétion des éditeurs de toutes choses. Mais ceci, n'en déplaise à tous les Dybdin passés, présens et futurs, ne révèle en rien la valeur de l'homme, et cette énumération des coups de barre que le patient a reçus avant d'expirer sur sa roue est loin d'être une suffisante caractéristique de sa vie, ou même une appréciation le moindrement approximative de ses tortures. Alphonse Rabbe fut pourtant une de ces existences quelque peu excentriques, le mot est à la mode, qu'il pourrait bien n'être pas tout-à-fait oiseux de raconter : il a vécu parmi nous, notre compagnon, notre ami, notre co-militant, sous le souvenir et l'invocation d'un même drapeau, et je me rappelle qu'alors, ce qu'il n'eût pas toujours été très prudent de lui dire en face, il avait pour nous une toute autre importance que ses œuvres.

En ce temps, où le livre pullule sous la plume délayante de maint faiseur de phrases, où quiconque s'ingère de rassembler des mots est certain de rencontrer qui se risque à les faire reproduire par la presse, il ne paraîtra pas trop étrange que, sans une vocation très prononcée, Alphonse Rabbe ait embrassé le singulier métier d'écrire : il le fit par nécessité, comme tant d'autres qui, laissés au dépourvu par de vaines et brillantes études de collége, par une profession honorée, mais négative dans ses résultats, ou même par le défaut absolu de profession, se sont, en désespoir de cause accrochés à la ressource précaire de leur esprit, dont ils ont essayé de faire, comme on dit, *argent et marchandise.*

Ce ne fut pas tout d'un coup que Rabbe arriva à s'en prendre à son esprit, ainsi que s'en prend à ses effets un malheureux réduit à cette pénible extrémité par l'abandon et la détresse; de même que la plupart des jeunes gens qu'une éducation, en désharmonie avec les réalités de la vie sociale, jette tout pleins de fausses idées et d'illusions dans le positif du monde, il eut sa période de naïfs égaremens et de riantes chimères.

L'adolescence est, pour plus d'un tendre cerveau, l'époque d'une fermentation qui donne corps et âme à tous les mensonges classiques, qui transporte une imagination vierge, mais facile à décevoir, dans une sphère d'activité poétique, dans un *eldorado* où tout ce qui respire revêt un caractère héroïque et s'empreint d'une teinte fabuleuse. Ces jours d'enchantement, pendant lesquels bouillonne un sang vermeil et pur; cette fièvre ardente d'être, de grandir, de se signaler par dessus tous; ce délire d'un printemps qui promet autant de fruits qu'il prodigue de fleurs; cet âge si présomptueux, si crédule, si rapide, pour lequel il n'est ni mythe ni merveille qui soit impossible; cette durée si courte et si riche d'espérances, si remplie de

A..

fantastiques projets, de rêves d'une nature surhumaine ; ces quelques années qui font poindre en un léger duvet l'aurore de la virilité, et surgir d'une foi robuste aux mille et un récits des livres qu'on a lus, le songe d'un impraticable avenir; toute cette crise enfin d'une âme qui jette sa gourme, qui se passionne, qui s'enthousiasme, en sens inverse, des passions et de l'enthousiasme d'une société vieillie, eut chez Alphonse Rabbe un degré de sériosité presque romanesque.

À Riez, c'est-à-dire dans un tout petit coin de la délicieuse Provence, en cet endroit où déjà les plus basses saillies des Alpes communiquent au site un aspect âpre et sauvage, il se parle encore parfois d'un beau jeune homme, que faisait remarquer une manière d'être vraiment extraordinaire. Dans son costume, dans ses habitudes, dans ses jeux, il ne se modelait que sur les traditions des mœurs et des coutumes antiques pour lesquelles il professait une sainte admiration. Ce beau jeune homme n'était autre qu'Alphonse Rabbe, dont Riez était la patrie.

Son amour, d'autres diraient sa monomanie, était d'être Romain, Grec, Spartiate, de se poser, dans sa fantaisie, rude comme un Parthe, comme un Scythe, de se draper pudibond et farouche comme Hippolyte, et tantôt aussi, mais plus rarement, de s'abandonner à de molles jouissances, comme un Sybarite voluptueux. Une certaine faiblesse d'organes, laquelle répondait mal à la fougue volcanique de son tempérament, le ramenait malgré lui à cette dernière imitation ; mais alors il rougissait de se sentir si débile, de n'avoir pas un corps de fer pour accomplir les douze travaux d'Hercule. Dans son ample poitrine, se figurait-il, battait un cœur de géant, un cœur d'origine primitive, le cœur de la race perdue, celle des Achille, des Thesée : ses poumons étaient immenses, puissans, ses membres d'une riche proportion ; il ne manquait à cette stature que force et santé ; et justement à cause de ce défaut qu'il appelait la fatalité de sa naissance, il murmurait contre le ciel, il allait se cacher dans la solitude, pensif, mélancolique, morose, ou bien il blasphémait ouvertement, il se plaignait, il accusait Dieu, la nature, sa mère, sa propre mère que pourtant il idolâtrait. Mais, dans son enfance, celle-ci s'était dispensée du soin de lui donner le sein, et il attribuait au malencontreux mélange du lait de deux ou trois nourrices à qui l'on s'était vu successivement obligé de le confier, ce qu'il y avait de faible et de désordonné dans sa constitution.

Parmi les fréquentes boutades de sa colère, de son indignation ou de son ressentiment, il y avait toujours quelqu'anathème fulminé contre les femmes qui ne veulent pas allaiter elles-mêmes leurs enfans. Voici l'une de ses déclamations à ce sujet ; il la met sur le compte du philosophe Favorinus.

« Qu'est-ce donc, écrivait-il, dans un de ses

momens de rancune, que ce partage odieux et maudit par la nature ; qu'est-ce que cette facile maternité qui consiste à donner le jour à une innocente créature , et à l'enlever aussitôt du sein qui lui était destiné? Pensez-vous donc que ces globes séduisans qui parent votre sexe, aient été arrondis par la main des Grâces pour n'être qu'un vain et stérile ornement? Pouvez-vous ignorer qu'ils furent créés pour distiller la liquide ambroisie aux nouveau-nés? — Est-ce sans but que la fécondation vient enfler leur volume, qu'elle remplit les mille canaux qui les parcourent, et que du bouton de rose qui les couronne elle fait jaillir un filon d'argent? — Ah! si c'est un attentat odieux et digne de toute l'exécration de la terre, que de faire périr un petit être, notre semblable, dans les premiers instans de sa vie, de l'étouffer , pour ainsi dire, entre les bras de la nature qui l'ébauche et qui se plaît à le modeler, en est-ce un moins horrible de dessécher et de tarir, jusqu'à la dernière goutte, cette source sacrée où l'enfant dut s'abreuver, dans la crainte qu'une généreuse abondance vienne altérer la voluptueuse régularité des contours et le soyeux tissu des formes? — Insensée! elle périra ta beauté criminelle, sans qu'il te reste le souvenir des plus saints devoirs remplis; t'imagines-tu, par tant de précautions, sauver tes charmes fragiles? Tu ne fais que hâter leur ruine, par les coupables soins que tu mets à les conserver.

» Et toi, père dénaturé, ne vas pas me dire : et qu'importe le lait que suce mon enfant, pourvu qu'il vive? Car, alors je te répondrai : qu'importe aussi de quel sang ton fils soit issu, et dans quelle femelle le germe de sa vie s'élabore? —Cette liqueur précieuse qui ne demande pour s'épancher, que le calice de deux tendres lèvres, cette liqueur qui affluerait sous la délicate pression de deux mains enfantines, et dont ta lascive prévoyance a ordonné d'arrêter le cours, sans te soucier comment et où elle ira se perdre; cette liqueur c'est du sang, le même sang dont s'est faite, dans les entrailles de sa mère, la palpitante chair de l'enfant. — Quoi! tu peux livrer à la flasque mamelle d'une vile mercenaire, et la noblesse de l'âme de ton fils et la vigueur de son tempérament, au risque de voir l'une se corrompre et l'autre s'énerver dans la funeste assimilation d'un lait ignoble, étranger, impur peut-être.

» Mère, tu te dépouilles de ce titre cher et sacré, tu romps pour jamais ce lien si doux d'affection et d'amour, par lequel la nature unit l'âme de l'enfant à celle de ses parens ; tu n'auras pas sa tendresse ; un autre que toi recueillera son sourire d'ange et ses charmantes caresses : tu as aliéné le fruit que tu portas neuf mois dans tes flancs. »

Après les belles pages de Rousseau, tout cela est, comme on le voit, d'une éloquence bien pauvre et bien surannée; mais qui de nous ne croit être neuf et chaleureux dans l'expression de ce qui le

touche personnellement? Celui qui souffre sent :
vivement ses douleurs, que s'il pousse un gémisse
ment, il s'imagine renchérir sur la plainte de Job
son cri est, selon lui, le plus déchirant, les parole
de sa résignation sont les plus sublimes. Quel pa
triote profondément affligé des malheurs et de
humiliations de notre belle France, par suite d
l'invasion, ne s'est persuadé, en les déplorant, ré
pandre des larmes plus amères que celles de Jéré
mie? Et voilà justement pourquoi nous avons e
les *Messéniennes* de Delavigne qui, pour le dire e
passant, n'ont pas plus fait oublier les lamentatior
du prophète, qu'elles n'ont rappelé les chants gre
de Tyrtée.

En présence de ce qui émeut, chacun a la cor
viction d'être le plus fortement ému; c'est un
erreur d'amour-propre, un travers d'esprit presqu
général. Ce fut notamment celui d'Alphonse Rabbe
il l'entraîna à se précipiter avec confiance dans le lie
commun; il l'exposa à redire et ressasser ce qui, avar
lui, avait été dit quelquefois beaucoup mieux. En ou
trant il lui semblait sauver la trivialité, ou plutôt :
rendre original, ce qui n'était pas l'une de ses moin
dres prétentions; de la sorte *il plantait*, disait-il, *
barbe à son idée*. Il aimait cette métaphore, et
s'en servait pour désigner une certaine puissanc
musculeuse qu'il prisait par-dessus tout, et que ne
nobstant les changemens de nourrices, il supposa
lui avoir été départie au *maximum* de la dose. Il :
vantait de faire vibrer un juron avec plus de retei

tissement qu'aucun muletier de Provence, et lorsque, dans ses enfantemens littéraires, il cherchait la
vigueur, le juron qu'il articulait si bien était le
coup de fouet qui lui venait en aide; souvent il
l'introduisait dans sa phrase en attendant le mot
énergique, et c'est une tradition d'imprimerie que
plus d'un compositeur n'a pas été peu surpris de lire
sur son manuscrit deux ou trois *trrroun de Diou*
qu'il avait oublié de remplacer.

Rabbe ne faisait pas mystère de ce procédé dont
il usait pour stimuler sa verve; et sans doute,
messieurs les rhéteurs aggrégés ou non, qui sont à
la piste de tous les artifices de ce genre, ne man-
queront pas d'en faire leur profit: ils nous ont trans-
mis tant de préceptes qui ne valent pas celui-là !

C'était par l'analogie que Rabbe avait été conduit
à découvrir cet étonnant moyen de donner du nerf
à sa prose qui, quelquefois, n'en restait pas moins
languissante, lourde, embarrassée et péniblement
anguleuse par l'encombrement des incidences et
des parenthèses. Ces syllabes ronflantes qu'il faisait gronder à son oreille étaient la queue dont
le lion se bat les flancs, et quoique toute comparai-
son cloche, pour revenir par une transition quelconque, à cette antiquité pour laquelle il s'était
passionné au point de vouloir y entrer et s'y fondre
tout entier, nous ajouterons qu'elles produisaient
sur lui à-peu-près le même effet que, sur les héros
d'Homère, les injures qu'ils s'envoyent récipro-
quement afin de s'animer au combat.

Nous, faibles champions, qui, l'épée à la main, nous attaquons froidement sans prendre de poses que le statuaire puisse copier, sans nous renverser le torse et nous démancher les bras, sans gesticuler, sans vociférer; nous qui avons inventé des saluts et des formules de politesse pour le champ-clos du duel, et même pour le champ ouvert de la guerre, nous ignorons le prix de ces véhémens préludes de la lutte entre de terribles adversaires, et nous n'aurions pas même soupçonné quelle conséquence il faut en tirer. Rabbe en concluait la préexcellence des hommes de ce temps-là, sur les civilisés d'aujourd'hui, tristes avortons qu'il méprisait autant qu'il estimait ces rustres de couleur tannée qui font l'office de crocheteurs sur le port de Marseille: du moins, ceux-là lui représentaient encore les héros d'Homère! Comme il jouissait quand, par un fortuné hasard, les bras croisés sur la poitrine, la canne sous l'aisselle, le chapeau sur l'oreille à la mode de son pays, il lui arrivait d'assister à une de leurs rixes! Comme il aimait à voir ces larges bouches s'ouvrir pour vomir l'invective, pour la lancer brûlante! Dans l'insolente spontanéité des apostrophes que ces modernes athlètes se decochaient à brûle-pourpoint, avant, pendant et après le pugilat, il lui était impossible de ne pas saisir au vol, l'irrécusable preuve de leur descendance en ligne directe et légitime de la noble famille des Phocéens. Ah! que s'il avait su le grec comme feu le spirituel Paul-Louis d'hellénique mé-

moire, ou si simplement il ne l'avait pas ignoré plus
que l'érudit Béotien Raoul-Rochette, ou que maître Plougoulm, le traducteur mort-né du toujours
très vivant et très éloquent Démosthène, qu'il aurait composé de belles et piquantes dissertations sur
les idiotismes évidemment démonstrateurs de cette
curieuse origine !

Mais, à son grand regret, Alphonse Rabbe, dont
les études avaient été des plus restreintes, faisait
partie de cette innombrable majorité qui ne peut
lire Homère que dans Bitaubé, et Plutarque que
dans Amiot. Quant au latin, les pédagogues lui en
avaient bourré la cervelle à tort et à travers, et à
l'occasion, il le crachait en maximes, sentences,
apophtegmes, réflexions, dont il avait rempli d'é-
normes calepins qu'il explorait régulièrement tous les
soirs pour se tenir en veine de citations, car suivant
la vieille méthode, il se croyait vraiment obligé de
citer, voire même les pères de l'église, lorsque
se trouvant en la compagnie de quelque gros abbé
docte Sorbonien, il éprouvait le besoin de l'écraser,
ou seulement de l'étonner, par les éclairs de son vaste savoir.

Mais ne voilà-t-il pas que déjà nous touchons à la
vanité de l'homme fait, et que, sans nous en apercevoir, nous avons perdu de vue le Romain, le Scythe,
le Parthe, le Spartiate du ci-devant diocèse de Riez.
Pourtant, et il faut bien qu'on le sache, le jeune
Rabbe ne s'endormait pas dans la simple contempla-
tion de ces mœurs qui l'avaient séduit ; il se façon-

nait dans leur sens et y entrait armé de pied en cap
autant qu'il dépendait de lui : à ses repas il rempla-
çait par des mets grossiers et sans apprêt ce fameux
brouet noir dont la recette s'est perdue; il ne voulait
se désaltérer qu'avec de l'eau pure, et, quelque temps
qu'il fit, il ne se permettait les douceurs du repos que
sur la terre nue , à la face du ciel. Il se flattait que ce
régime, qu'interrompait par intervalle une foucade
d'excès contraires, favoriserait le développement de
son organisation et la recrudescence de ses facultés.
De gaîté de cœur il se soumettait aux épreuves du
froid, du chaud , de la faim, de la soif, de la fatigue et même de la débauche, alternant ainsi de la
tempérance la plus rigoureuse à l'orgie, et de l'orgie à la tempérance. Il avait adopté une diététique
à bascule où le principe prépondérant était la so-
briété. Hippocrate ne recommande de s'enivrer
qu'une fois par mois.

Au plein des ardeurs de la canicule, Rabbe se
plongeait tout en sueur dans le bassin d'une source,
comme s'il eût espéré de se donner la trempe de
l'acier au moyen de cette subite immersion. Ce qui
était advenu au grand Alexandre, de pareille nota-
ble imprudence, ne l'effrayait pas, et en se retirant
sain et sauf de la piscine il était tout fier de l'a-
voir vaincu sur ce point. L'hiver , il faisait rompre la glace pour se procurer le plaisir de la na-
tation ; puis quand, au sortir de ce bain à la Sar-
mate, le corps tout jaspé de pourpre et de bleu,
il avait regagné la rive , afin de fortifier ses mem-

bres et d'en entretenir la souplesse, il les friction-
nait à tour de bras et les oignait d'huile *modo ve-*
terum. C'est alors que, se sentant agile et robuste,
il avait appétit des exercices les plus violens : le
disque dans sa main ne pesait plus une once; il le
faisait voler au loin : moderne Hyacinthe, il eût
porté un défi à Apollon. Il maniait la fronde comme David ; et que ce long gémissement, qui marque dans l'air la vitesse du projectile, était pour lui
une délicieuse musique ! comme il mesurait avec
joie les stades qu'il lui avait fait parcourir ! Bientôt il saisissait son javelot, et dans sa pensée mobile comme l'éclair, devenu tout-à-coup un de ces
guerriers terribles qui transperçaient de leur fer
les flancs résineux du cheval de Troye, il le lançait
et s'applaudissait de le voir enfoncé jusqu'à la
hampe dans le tronc d'un pin séculaire, ou bien
encore, ayant bandé son arc, il envoyait le trait,
et s'il filait au but, il s'écriait avec orgueil : *et moi*
aussi, j'aurais tiré à l'œil droit de Philippe !

Il s'était composé pour son usage un arsenal de
toutes ces armes que l'invention de la poudre a
reléguées dans le cabinet des curieux; il les avait
fait venir soit de Paris, soit de Lyon, et il en avait
lui-même fabriqué quelques-unes. Un chasseur, le
fusil en bandoullière et la gibecière à la hanche, le
faisait rire de pitié, lui qui se disait intrépide
chasseur ni plus ni moins que Méléagre, et qui
n'avait de munition que son carquois. Que de fois
hélas ! il le vida et n'obtint d'autre résultat que la

satisfaction du temps passé dans l'agitation d'une poursuite sans fin ; car toute adresse dont il faisait preuve et parade, lorsque la fixité d'un objet inanimé lui laissait le calme de sa visée, lui défaillait toujours, par l'effet de sa fougue impatiente, au moment où le gibier éperdu, se levait et fuyait devant lui. Enfin il ne tuait jamais, et ce guignon de la chasse lui attirait force goguenardes railleries qui ne le dégoûtaient point ; loin de là, il s'y acharnait davantage, et les lièvres les plus timides continuaient de se moquer de lui.

Mais qu'avec les chevaux il prenait bien sa revanche ! pauvres bêtes, qu'elles étaient à plaindre lorsqu'il s'avisait de leur sauter sur le poil pour faire, comme il disait, le cavalier Numide, pour se fondre avec eux en vrai Centaure, pour se cramponner à leur peau et les contraindre à dévorer l'espace au gré de son inquiète ardeur ! pas de *Locati* docile, et à Riez on n'en comptait que de cette espèce, qu'il ne traitât comme un indomptable coursier, le cerclant, l'embrassant, l'étreignant, l'étouffant de ses cuisses, de ses genoux, de ses jarrets, le morfondant, le cuisant dans son écume, et ne le ramenant jamais sur la litière que rendu, c'est-à-dire fourbu et poussif. Lui-même ne s'épargnait pas dans les essais de cette gymnastique équestre, lorsque, par cas fortuit, son heureuse étoile lui offrait l'attrait si puissant du triomphe de la difficulté uni à celui d'un incontestable péril sur l'un de ces mulets capricieux et rétifs, qui, par sauts de mouton, écarts, ruades, haut-de-croupe ou sournois vertigos, sont si habiles à se délivrer d'un importun fardeau. A ce jeu de casse-cou, où il aimait à disputer d'entêtement avec le récalcitrant animal, il gagna de rudes contusions; mais il mettait une sorte de gloire stoïque à ne pas paraître seulement s'apercevoir de ces accidens, quelque graves qu'ils eussent été, et souvent l'on n'eut connaissance que bien après la guérison, d'une chute dont les suites n'avaient pas été sans danger pour ses jours. Dans son opinion il eût été d'une femelette de recourir à un médecin ou de s'aliter pour si peu. D'ailleurs, un ancien n'avait-il pas dit : *O douleur, tu as beau faire, tu ne me feras pas convenir que tu es un mal!* Et puis, Rabbe ne voyait rien pour le mérite au-dessus de l'impassibilité de ce jeune Spartiate qui, ayant dérobé un renard qu'il tenait caché sous son vêtement, se laissa manger le ventre plutôt que de découvrir son larcin. A son gré, le trait de ce soldat qui après avoir vu à Salamine, ses deux mains tomber sous la hache, s'accrocha avec les dents, à un vaisseau de l'ennemi, était un magnifique exemple d'opiniâtre intrépidité; mais il préférait mille fois l'action de Mutius Scœvola, lequel pour punir son bras d'avoir mal secondé son dessein régicide, s'était brûlé le poing jusqu'au coude, sans même sourciller. Une si énorme vertu était une de celles dont il souhaitait le plus qu'on le jugeât capable : la mettre en doute était presque l'offenser personnellement; ne pas la préconiser était un crime; et un jour, il s'emporta jusqu'à la colère contre un de ses amis qui, par esprit de paradoxe ou de contradiction, avait entrepris de prouver que ce n'était là *qu'un courage de Polype*.

Chez Alphonse Rabbe cette rage de faire de sa vie un calque perpétuel, ne s'amortit jamais entièrement : un lustre durant, à partir de sa seizième année, elle ne fit que croître et embellir. C'était-là, si l'on veut, un reflet tardif mais individuel du vertige qui, en raison des souvenirs grecs et romains du collége, s'était emparé de la nation française et de ses gouvernans, dans ce moment d'un classique délire où les onze mille vierges du calendrier des papistes avaient dû céder la place aux trois cents guerriers de la brigade Léonidas. C'était une bizarrerie dans le genre des longues chevelures à la Clodion, des gilets à la Robespierre, des chapeaux en pain de sucre, et des visages judaïsés de notre romantique démocratie après 1830. C'était un affublé hétéroclite à l'instar de nos *Moyen-Age* et de nos *Jeune-France*, l'accouplement baroque d'une époque exhumée avec une époque vivante, la batterie d'un mousquet, adaptée à un cimeterre. C'était la tête du cheval entée sur le cou de la belle femme dont le corps se termine en queue de morue. C'était enfin un spectacle grotesque qui donnait l'envie d'un fou rire ni plus ni moins que ces têtes de Christ de vingt ans, bous-

soles détraquées à la mine grave et suffisante, à la
parole superbe et dédaigneuse, à l'aspect rétro-
grade, à l'air désillusionné, que nous voyons cou-
rir les rues en habits bourgeois, la baguette d'ébène
à la main. C'était comme la folie des étudians
d'Allemagne, comme la contre-façon de Sand, ré-
cemment importée parmi nous, comme le plagiat
de l'école usée de 1793, régénérée, renouvelée à
l'ombre du bonnet phrygien, dans un temps de
bonnets de coton, de clysoirs, de papier mâché et
de gants glacés, par ces arriérés sectionnaires des
droits de l'homme, innocens Brutus, les meilleurs
et les plus comiques enfans du monde, bien dé-
terminés à ne poignarder personne, et que
pourtant j'ai vus, pour me servir du dictum
populaire, ne pouvoir aller *pisser* sans leur hochet,
le poignard d'ordonnance, que chacun d'eux
cachait soigneusement sur son sein auprès du lor-
gnon, et montrait mystérieusement à sa maî-
tresse dans les épanchemens d'un voluptueux tête-
à-tête.

Chaque époque porte avec soi sa marotte et ses
grelots qu'agitent jeunes gens et vieillards, mais
souvent la physionomie d'une époque devient la
mascarade d'une autre. A cette extravagance, nulle
cause qui se puisse assigner avec certitude, et les
docteurs de la morale, les professeurs d'une prétendue science sociale n'en savent guère plus à cet
égard, que le doctissime Ambroise Paré ne savait
du trousse-galant, ou que l'illustrissime Broussais

ne sait du choléra, tant il est vrai de dire que toute épidémie, sinon épizootie, n'est fléau perceptible ou appréciable dans son principe.

A travers les atteintes de ce qui aurait pu passer pour une perturbation de son intellect, le jeune Rabbe, dont les parens n'étaient pas très fortunés, fut pressé par eux de se choisir un état ; mais à quel état la connaissance obligée et exclusive de ce latin qui ne sert, dit-on, plus qu'à apprendre le français, car il faut bien qu'il lui reste une utilité, à quel état cette connaissance peut-elle être une préparation ? de quoi est-elle la clé ? quelle aptitude développe-t-elle ? de quelles dispositions est elle l'épreuve ? Comme on est éloigné de ce monde, quand on n'a retenu que les faits du monde ancien ! comme on ignore la société dans laquelle on va se caser, lorsqu'on n'est nourri que des vieilles histoires et des vieux auteurs ! et ces impressions reçues au rebours de toute direction sagement pratique, ne constituent-elles pas le pire des aveuglemens ? Que faire, que devenir, sans se tromper ? si l'on se destine à une profession, comment discerner celle à laquelle on est propre, celle qui offre des chances de succès, si l'on ne se doute pas même de ce qu'est une profession ? Rabbe fut donc très embarrassé, mais pendant qu'il hésitait, un préfet arriva dans le département des Basses-Alpes. Celui-là était Alexandre de Lameth ; il lui fallait un secrétaire particulier, Alphonse Rabbe s'offrit et fut agréé pour cette fonction... Secrétaire particulier d'un préfet, à dix-huit ans, c'était superbe !

Qui est apprenti n'est pas maître, mais est en bon train de le devenir : Rabbe se crut lancé, sa famille le voyait déjà préfet, n'importe où : la carrière administrative, la carrière politique, s'ouvraient devant lui ; du poste qu'il occupait, il irait à tout, il serait un jour le protecteur de ses petits-cousins et le bienfaiteur de sa ville natale.

Malgré cette brillante perspective et cette ambition d'insensé, qui depuis un demi-siècle fait des plus hauts emplois le point de mire de la généralité des Français, Rabbe ne se dissimula pas longtemps la quasi-nullité d'un scribe dont la plume ne se meut que sous la dictée de son patron. Bien que gentilhomme, Alexandre de Lameth n'était pas un de ces préfets de parade, dont tout le mérite se borne à la pompe de la représentation : personne n'avait mission de penser pour lui ; dirigeant et rédigeant lui-même, indiquant jusqu'aux prescriptions de l'étiquette, jusqu'aux dispositions matérielles de cette politesse proportionnelle dont les gens de cour se targuent de posséder seuls le secret, il n'abandonnait pas même une virgule à l'arbitraire du jeune homme, à qui il ne demandait qu'une écriture très lisible. Rabbe, pour lui plaire, perfectionna singulièrement la sienne ; il acquit même en quelques mois un rare talent pour la Majuscule, le chef-d'œuvre, le triomphe du callygraphe. Ce symbole d'une liberté qui se déploie beau d'élégance et de richesse, il se piquait de le jeter à main-levée avec une hardiesse que lui auraient enviée les Davignon et les Saint-Omer : c'était au point qu'il se mirait dans les délicatesses de ces traces subtiles, qu'il se ravissait en extase devant ces colosses de l'alphabet, et que plus tard, quand il eut besoin de consolation ou de délassement, il put se distraire à couvrir de ce luxe de longues et larges feuilles de papier.

Au bout d'un an, Rabbe se trouva en avoir assez de l'esclavage, de la circulaire et du dégoût d'une correspondance dont il n'était que l'agent mécanique. Sa condition de préfet en herbe lui pesait, et il se mangeait les sangs dans cette passivité si peu assortie à son caractère naturellement bouillant et emporté, lorsqu'un événement imprévu lui permit tout-à-coup de rompre sa chaîne : c'était la mort de son père, qui avait tressailli de joie en apprenant qu'il était parvenu à se placer auprès de M. de Lameth, et qui certes ne lui aurait pas pardonné de renoncer volontairement aux avantages présumés de cette position.

Rabbe partit incontinent pour Paris, où il s'empressa de suivre les cours publics. Il venait d'atteindre sa dix-huitième année : l'année suivante, il remporta, au concours général des écoles centrales, le prix de composition française, qui était alors (1803) ce qu'on nomme encore aujourd'hui : *le prix d'honneur.*

Cette victoire, qui lui avait été disputée par

trente rivaux, le fit bien augurer de son avenir ; elle
eut du retentissement à Riez : la petite ville se glo-
rifia dans la ferme persuasion qu'un de ses enfans
était appelé à recueillir l'héritage d'immortalité de
l'illustre de M. de Voltaire. Elle se prédit qu'un
jour, le voyageur lirait au-dessus de la porte du
foyer de Rabbe l'inscription consacrée : *C'est dans
cette maison*, etc. ; mais le bienheureux lauréat
négligea de justifier son propre présage ainsi que
celui des autres ; et cette couronne, décernée par
les académiques successeurs des Rollin et des Bat-
teux, à la stricte observance des règles quintilien-
nes, à l'euphonique confection de la cicéronnienne
période, à l'insipide et stérile phraséologie paille-
tée de tous les oripeaux des littératures grecque et
romaine, cette couronne ne lui parut point de
suite un encouragement direct à se classer par quelque emphatique platitude à la Tissot, par quelque obscur et prétenticux amphigouri à la Cousin,
par quelque spirituel eunuquisme à la Villemain,
parmi ces enfileurs de mots qui, pour avoir un
fauteuil à dormir, courent la bague sur le chemin de l'Institut. Au lieu de se porter vivement
sur les traces de ces quarante, qui, niant impertur-
bablement les idées et les progrès des lumières,
n'apprécient et ne mesurent les productions de l'esprit qu'à la jauge de leurs quatre-vingts oreilles
d'inégale grandeur, il se prit à flâner sur le glis-
sant pavé de la Capitale. Et pourquoi flânait-il ?
Parce qu'il y avait des Musées, parce qu'il y avait

un cabinet des médailles; parce que des mar-
chands de bric-à-brac avaient le tort d'étaler des
dépouilles opimes sur son passage, et que, pour
avoir sommeillé quelque temps dans le chef-lieu
d'une préfecture, son goût de l'antiquité ne s'était
pas éteint.

De flâneur à artiste il n'y a souvent pas l'épaisseur d'un cheveu, et peut-être toute flânerie n'est-
elle au fond qu'une première et paisible manifestation de ce sentiment artistique, dont en vertu de l'os
ioïde, le germe existe, assure-t-on, à des degrés dif-
férens chez tous les bipèdes de notre espèce. Quoi
qu'il en soit, après avoir considéré à loisir, tourné
et retourné sous ses faces diverses tout ce qu'on
possédait à Paris du mobilier enfoui d'Herculanum
et de Pompéï, Rabbe, afin de varier ses plaisirs,
se fit d'abord amateur de tableaux, amateur sur-
numéraire s'entend, car l'exiguïté de sa bourse ne
lui permettait guère à cet égard que des jouissances infiniment peu substantielles, dans le genre
de celles du gastronome sans argent. Il voyait, il
marchandait pour voir plus à son aise, mais il
n'achetait pas : bientôt il poussa l'indiscrétion
jusqu'à s'enquérir gratis des procédés de restauration et de rentoilage, et l'audace jusqu'à dis-
cuter, avec le premier venu, sur tout ce qui
fait la science du connaisseur. Puis, par un beau
matin, il lui revint en mémoire qu'il avait reçu
quelques leçons de dessin, et comme il s'était lié
avec plusieurs jeunes gens qui fréquentaient l'ate-

lier de Régnaud, il se fit présenter par eux à ce maître, dont il devint l'élève.

Le Corrège avait dit : *io anchè sono pittore* ! Rabbe eut beau se dire la même chose et avec le même enthousiasme, soit qu'il eût des dispositions négatives, soit qu'il fût mal commencé ou qu'il eût commencé trop tard, le talent dans les arts étant surtout un résultat de la perfection des sens externes dont l'éducation doit s'entreprendre de bonne heure, il n'y fit que ces désespérans progrès qui prouvent dès le principe l'inutilité de la tentative. Toutefois, il ne se désabusa pas, et lorsque Régnaud, homme consciencieux, lui eut déclaré qu'il perdait son temps, se révoltant contre cet horoscope qui froissait la haute opinion qu'il avait de lui-même, il crut s'en venger en passant sur-le-champ dans l'atelier de David. Là, tel que ces écrivains qui, chargés de rendre compte d'un livre, se dispensent même de l'ouvrir, et font ce qu'on appelle *un article à côté*, il évita d'aborder l'art par ce qui est véritablement de son essence.

Rabbe était raide, dur, cassant, exagéré ; son trait était lourd ou maigre, ou sec, ou anguleux ; il manquait de moelleux et de suavité, comme tout ce qui se fait à l'aide du compas ou avec l'assistance de toute autre méthode graphique ; pour parvenir à se corriger de ces défauts, il lui aurait fallu pendant des années copier les belles formes ; au lieu de cela, il se mit à étudier l'anatomie et à dessiner l'écorché, à chercher partout la morte exactitude d'un géomètre ; il fit des excursions dans la numismatique, dans l'archéologie ; il lut Winkelmann et Seroux d'Agincourt ; il voulut apprendre la perspective dont il ne comprit pas le premier mot, tant sa tête était l'antipode des mathématiques ; il se rendit assidûment aux séances physiologiques que le professeur Sue donnait en faveur des artistes ; il s'enfonça dans les ténèbres de l'idéologie ; il demanda à la métaphysique le secret du beau, à peine révélé par Longin, Kant, Hogart, Burke et tant d'autres, qui n'étaient que de la saint Jean auprès de notre Kératry, le plus magot des philosophes ou le plus philosophe des magots.

Les vies des peintres étaient le complément naturel de ces accessoires, auxquels il va sans dire que Rabbe joignit cette connaissance très approfondie des expressions techniques de la peinture et des termes d'atelier, qui sert aux plus moisis croutons, ordinairement si forts en théorie, à se faire passer dans le monde tout au moins pour des Raphaël.

Rabbe, qui avait la confiance d'enfanter un jour des chefs-d'œuvre, voulut se mettre en mesure de les préserver des outrages du temps. Il savait que plusieurs grands maîtres, pour être plus sûrs de l'inaltérabilité de leurs couleurs, n'avaient pas dédaigné de les fabriquer eux-mêmes ; il fabriqua donc les siennes, et afin d'avoir un guide infaillible dans cette opération, il essaya de s'initier aux mystères de la chimie moderne. Malheureusement la nomenclature, dont il saisissait mal le système d'enchaînement et d'analogie, le rebuta au premier choc, et dans la suite il trouva, par représaille de cet échec, une ineffable satisfaction d'amour-propre à se ranger contre Fourcroy sous la bannière du vieux Lesage, le plus incurable des partisans entichés de l'empirisme et de la routine. Rabbe se procura une chimie de Lémeri, un mortier, une pierre, une molette, un couteau à spatule; et quand il eut tous ces objets, il revêtit le tablier de broyeur, retroussa les manches de sa chemise, et de ses deux bras nus, dont il admirait la nervure, il se mit à porphyriser.

Du moins pensera-t-on que les couleurs de sa façon furent plus pures, plus brillantes et moins grossières que celles enserrées dans les vessies de Rey ou de Giroux? Hélas ! Rabbe ne rencontra jamais sur sa palette ni l'azur d'un ciel serein, ni cette teinte rosée si délicate que sa critique reprocha plus tard avec tant d'amertume au peintre Gros, qui n'était à ses yeux qu'un *brosseur*. Sa palette, qu'il nettoyait sans cesse, était la plus sale de l'atelier, et sur sa toile il faisait des empâtemens rugueux, dans lesquels les ocres bruts se détachaient en petits monticules, au pied desquels coulait, tel qu'un ruisseau dans la vallée, la fugitive goutte d'huile dont il prenait la transparente diffusion pour un glacis. C'était la manière d'un rapin qui, de sa vie, n'aurait vu un pinceau qu'aux mains du ci-devant directeur du Musée,

M. de Forbin. C'était de la boue de toutes nuances
entassée, gâchée, plaquée en mosaïque à demi-li-
quide; c'était une substance quelconque, rouge,
bleue, verte, qu'il délayait, qu'il posait, et qu'ensuite, faisant la navette devant son chevalet, il allait d'un œil complaisant considérer à distance
pour mieux s'assurer de l'effet; c'était de la peinture à allée et venue dont le sujet n'avait rien à
démêler ni avec la fraîcheur, ni avec la grâce.

Boucher, Vanloo et toute la parfumerie pastorale
ou musquée de ce règne fardé de Louis XV, pendant lequel on peignait avec de la poudre et de la
pommade, lui donnaient des nausées. Pareille
aversion était sans doute des plus légitimes; mais
par contre, il sympathisait vivement avec cet
extrême opposé qui est tout aussi éloigné de la nature que du boudoir.

C'est un goût pour le moins étrange que celui
qui porte à préférer l'enveloppe épineuse de la
châtaigne aux contours amoureux et veloutés de la
pêche, les aspérités du hérisson aux formes dou-
ces et élégantes de la colombe : eh bien! c'était le
goût de Rabbe; il déplaçait la compétence de l'art;
ce qu'il fallait à cette dépravation, c'étaient des
saint Laurent sur le gril, des Zopire, des juges
prévaricateurs condamnés par Cambyse à donner
leur peau à son tapissier pour y faire asseoir leurs
fils. Hennequin, dont le pinceau se consacra parfois à d'horribles représentations, était l'aigle de ce
genre qui offre à la médiocrité un moyen de frap-

per les regards de la multitude et de l'intéresser en
s'aveuglant elle-même.

En tombant dans l'outré on se déguise et souvent
on réussit à déguiser aux autres que l'on n'a pas le
feu sacré. Quand on ne peut se plier aux principes,
on s'émancipe, c'est du génie; quand on ne peut
danser, on saute, on gambade, on se démène; voilà
comme Rabbe fut peintre. Sa toile n'était pas léchée;
il en convenait, mais à l'entendre, dans tout ce
qu'il faisait, il y avait une virilité, une semence de
vigueur, un trop plein de l'âme presque miracu-
leux; personne ne peignait aussi chaudement : c'é-
tait de la lave qui coulait de son pinceau, de la
lave incandescente; enfin, si l'on avait le sentiment de l'art, c'était à se mettre à genoux devant
les moindres de ses esquisses; et notez bien que cela
était faux, incorrect, terne, glacé, puis osseux,
cassé, décharné, et hideusement myotomique;
c'était encore le juron au lieu et place de l'expression énergique; c'était un barbouillé d'un chique
gauche, raide et prétentieux, où, comme dans le
thème d'un écolier de septième, le solécisme était à
cheval sur le barbarisme; c'était moins qu'une en-
seigne de cabaret; ce n'était rien, mais sur ce rien
l'imagination de l'auteur trottait en faisant mentir
le proverbe : *On ne prête qu'aux riches.* Que
n'aperçoit-on pas dans un nuage avec un peu de
bonne volonté? Les commères de la Flandre dé-
couvrent toutes les vicissitudes d'une destinée dans
un marc de café.

Rabbe était ainsi le jouet d'un trompe-l'œil qui ne pouvait tromper que lui seul, mais qu'il le trompait bien, et qu'il avait foi en son œuvre ! une foi si robuste, qu'il lui sembla avoir reçu de la bouche de David cet encouragement : « Continue, mon fils, un jour tu seras un grand peintre. » C'est de cette prophétie qu'il se caressait ; c'est elle qu'il répétait lorsqu'il voulait donner à sa spécialité d'Aristarque la sanction d'un suffrage imposant.

Avec la peinture, Rabbe fit marcher de front la musique. Je lui ai connu jusqu'à quatre violons, quatre à-la-fois, dont le moins précieux, selon lui, n'aurait pas déparé les célèbres collections des Lamorlière et des Séguin ; ce n'était rien moins que des Stradivarius tout ce qu'il y a de plus parfait ; mais Dieu vous a fait une belle grâce si vous n'avez ouï les sons qu'il en tirait !

Il restait alors dans un des nombreux hôtels garnis du quartier latin. Matin et soir, et souvent aussi dans la nuit c'était dans sa chambre un massacre de discordances sans mesure, arrachées violemment par un archet impétueux ; c'était à déchirer le tympan le plus athrophié, à ébranler les dents les plus solidement rivées dans leurs alvéoles, à crisper les nerfs les moins contractiles ; pour étouffer ce bruit on eût désiré la sempiternelle cacophonie des mille trompes d'étudians, qui au grand déplaisir des malades, et à la honte de la police s'est, depuis quelques années, installée comme

un fléau au milieu des demeures paisibles du fau-
bourg-St-Germain.

Les voisins de Rabbe n'y tinrent pas, et tout par
un beau jour, comme il se faisait une douce joie de
dégotter prochainement Viotti, le Paganini de cette
époque, son hôte qui craignait de perdre ses loca-
taires vint, en leur nom, l'inviter poliment à cesser
ses philharmoniques exercices. — Les barbares !
s'écria Rabbe, je leur joue ce que Haydn a de plus
beau, et ils ne sont pas contens ! allez leur dire de
ma part qu'ils ne sont pas faits pour entendre une
si délicieuse musique ; qu'ils ne l'entendront plus.
Et jurant, sacrant, pestant, il plia bagage et transporta ses pénates dans une rue aux environs de la
place Maubert.

Ce fut vers ce temps que, pour la première fois
de sa vie, il devint éperdûment amoureux. — Je
ne soupirais pas, a-t-il dit plus tard, je rugissais
ma passion. Cette passion lui fit en effet tourner la
tête. Désespéré par les refus apparemment très-
cruels d'une jolie coquette, qui d'abord n'avait
voulu que s'amuser de ce martyr de jeune homme,
et qui finit par avoir peur de ses rages, il se sui-
cida, mais il fut sauvé de sa propre fureur, et après
avoir passé vingt jours entre la vie et la mort, il
quitta les rives de la Seine radicalement guéri de
son amour.

Revenu à Riez, à la vue des montagnes il fut
tenté de se faire sauvage ; toutefois sa misanthropie
n'eut pas de suite, et au moment où se préparait le

sacre de Bonaparte, il monta gai comme pinson dans la diligence de Paris avec la députation que le département des Basses-Alpes envoyait pour élever sur le pavois le nouvel empereur.

Rabbe ne fut point ébloui de l'éclat de cette pompe dont s'entourait la naissante majesté : il s'indigna de voir le soldat heureux fouler aux pieds la liberté, et dès lors il eut non des idées, mais des sentimens politiques. Ces sentimens, il les exprima dans deux lettres où tout en racontant à sa mère les fêtes du couronnement, il relève les mensonges officiels, sur l'universel enthousiasme, sur les acclamations unanimes, et sur le soleil providentiel qui, pour mieux marquer le doigt de Dieu dans l'érection du trône impérial en faveur de Napoléon, avait éclairé ces solennités. Lorsque trente mille gardes nationaux étaient restés silencieux et mornes en présence des démonstrations avinées de l'armée soudoyée, il s'étonne de l'impudeur avec laquelle on a parlé de leurs transports d'allégresse, de leurs trépignemens; lorsqu'ils étaient rentrés chez eux trempés jusqu'aux os par les ondées d'une averse de huit heures: — il est révolté de cette imposture, *jamais le temps n'avait été si magnifique, ni le ciel si serein; on n'apercevait pas le moindre nuage.* Rabbe ne put que prendre en aversion le héros qui souffrait que pareilles jongleries se fissent à son profit, c'était charlatanerie de tyran qui s'adule et se fait aduler.

Cette fourbe insigne d'un ambitieux qui prend

Dieu pour son compère lui déplut; aussi n'eut-il pas de peine à se ranger de cette opinion d'après laquelle l'avènement de Bonaparte était considéré comme un attentat. Épris de cette liberté informulée à laquelle jadis on éleva des temples et des autels, et qui a un sanctuaire dans tout cœur s'il n'est souverainement dépravé, il exécrait César, il adorait Brutus ; là se bornait toute sa politique, c'était une politique d'exemples prise des anciens : l'usurpation punie par le coup de poignard.

Et à propos de coup de poignard, il me faut dire ici un de ces graves événemens qui influent sur toute une vie d'homme : Rabbe, qui n'avait plus de prétexte pour se croire prédestiné au culte des arts, était tout-à-fait désœuvré. Que devenir avec une impulsion intérieure qui vous entraîne, lorsqu'il n'est pas de voie dans laquelle on puisse marcher, lorsqu'on n'a pas devant soi indice de carrière où puisse se dépenser l'excès d'une vitalité fougueuse, lorsqu'on est réduit à se replier sur soi-même, à se concentrer dans l'écœurant malaise d'une agitation fébrile, et que vingt fois le jour, cent fois la nuit, mille ardeurs dévorantes, mille vagues inquiétudes vous parcourent l'âme et le corps, de la racine des cheveux à la plante des pieds ? si l'aimant vacille sans cesse sur son pivot, si aucune étoile ne marque la route, comment parvenir à s'orienter, et puis s'orienter, à quoi bon si l'esprit est en proie à cette fatale indécision que nul motif déterminant ne saurait dissiper ?

Rabbe était dans cette pénible situation lorsqu'il revit dans le monde un jeune homme qu'il
avait beaucoup connu pendant son premier séjour
à Paris. Les atômes crochus de leur causerie s'a-
gencèrent si bien ensemble, que dès l'abord, ils se
lièrent entr'eux par un pacte de camaraderie. Le
futur auteur de la correspondance si spirituelle entre un pape et un arlequin, le créateur en herbe de
l'équivoque *Fragoletta*, M. Henri de Latouche, car
c'était lui que Rabbe venait de retrouver, se proposait alors de visiter la Suisse : l'aspect de ses
sites enchanteurs, de ses monts; de ses torrens, de
ses vallées, de ses lacs, de ses glaciers, a tant d'attrait pour une imagination poétique ! Rabbe à
qui il fit part de son projet ne demanda pas mieux,
que de s'y associer ; il n'avait rien à faire, et il
s'offrait quelque chose à voir ; et puis dans le seul
contraste de la Suisse à la France, considérée dans
son existence politique, il y avait de quoi faire vibrer au fond de son cœur une des cordes qui y ré-
sonnaient le plus aisément : la Suisse c'était pour lui
l'Helvétie, les treize cantons, Guillaume-Tell, la
République, la vieille liberté qui ne périssait pas
parce qu'elle était vieille, et les treize cantons c'était
la ligue achéenne ; car dans tout rapprochement
qu'il faisait il ne pouvait pas remonter moins de
deux ou trois mille ans sur l'échelle des siècles.

Rabbe à qui il pesait de ne pas respirer un autre
air que les serviles adorateurs de la monarchie na-
poléonienne, effectua promptement ses préparatifs

de départ. Son ami s'était fait faire un vêtement
approprié avec une recherche élégante aux néces-
sités d'un voyage à pied ; Rabbe voulut en avoir
un exactement semblable, et un tailleur son com-
patriote, c'est-à-dire provençal comme lui, de Riez
comme lui, prit l'engagement de le satisfaire sur ce
point. Le *pays* tint parole, mais en sa qualité de
pays il fut un peu cher : le total de son mémoire qu'il
présenta à Rabbe excédait de plus de moitié celui
de son ami ; Rabbe se fâcha ; il alla chez le tailleur,
il se plaignit, menaça et voulut frapper en même
temps, ce qui était provençal.

Mais un tailleur sur son établi est comme un Sul-
tan sur son trône : le maître susceptible se dressa
en furie, ouvriers, compagnons, apprentis, tous
décroisèrent les jambes ; il y eut une levée en masse
de bras, de pieds, de carreaux, de passe- carreaux,
d'aunes, de demi-aunes, de chaises et de manches
à balai, devant laquelle Rabbe ne put que battre en
retraite ; épouvanté de ce vacarme contondant, il
se replia escorté et meurtri d'un déluge de tout ce
que, sans grands frais de casse, des mains prime-
sautières peuvent lancer dans un escalier. La face
ensanglantée, le corps noir de coups, il courut soudain conter sa mésaventure à plusieurs de ses amis,
qui, ce soir là, étaient réunis dans le salon du sénateur Porcher de Richebourg : tous s'indignent,
tous sont d'avis que l'insolent tailleur doit être châ-
tié ; Rabbe déclare qu'il va lui envoyer un cartel en
règle, et qu'il faudra que l'un des deux reste sur le

pré. — Fi donc ! se commettre avec un tailleur, avec un manant, se récrièrent quelques officiers qui étaient présens ; c'est une querelle à vider avec le pommeau d'une cravache : on le cherche, on le trouve, on le rosse, c'est partie et revanche, et tout est dit.

Le tribunal du point d'honneur avait prononcé : Rabbe fort de cet arrêt, et persuadé en outre que le tailleur n'était pas homme à accepter les chances d'un duel, renonça à la provocation, tout en jurant de se venger. On crut qu'il oublierait son ressentiment ; mais quelque glorieuse qu'ait été la défaite, il est si dur d'avoir été battu ! Bientôt dans tous ses entretiens il ne tarit plus sur ce qu'il y a de beau, de grand, de digne, d'éminemment équitable et sublime dans la *Vendetta* du Corse, dans l'implacabilité sicilienne, dans les préméditations perfides et ténébreuses du stilet italien.

Pendant qu'il se complaisait dans ces homicides apologies, que personne ne prenait au sérieux, son ami vint le presser de partir ; ils sortent ensemble pour quelques dernières courses, et comme en revenant ils traversaient la place du Carrousel, Rabbe s'élance tout-à-coup ; un poignard brille dans sa main, il l'a déjà rougi, mais l'assailli qui n'a été que légèrement atteint, recule de trois pas, et s'étant mis sur la défensive avec un de ces bâtons que l'on appelait alors des juges-de-paix, il lui assène un coup si vigoureusement appliqué sur la forme de son chapeau, que tête et figure s'y enfoncent et disparaissent jusqu'à la bouche. Rabbe agitant toujours son poignard cherche à l'aveuglette son adversaire au milieu d'un cercle élastique de curieux, dont les rires et les huées portent au comble son exaspération et sa rage : il avait rencontré son tailleur.

La garde qui survint mit fin à ce colin-maillard d'un nouveau genre. Rabbe fut empoigné, et le procès-verbal du commissaire Cazot, devant qui on le conduisit, ainsi que son ami désigné comme son complice, malgré les efforts qu'il avait faits pour le ramener à la raison, fit mention d'un assassinat et d'un guet-à-pens.

Des pistolets saisis sur M. H. Delatouche firent croire d'abord à sa participation ; en vain allégua-t-il qu'ils n'étaient pas chargés, et que venant à l'instant même de les acheter chez l'armurier Lepage, il les avait emportés comme le prudent accessoire d'un passeport à l'étranger, il n'en fut pas moins envoyé en prison avec son compagnon de voyage, et la justice informa contre tous deux.

Cette scène s'était passée en face des Tuileries, et presque dans le vol du chapon de la résidence impériale : nul doute que si l'empereur n'eût été absent elle fut venue à sa connaissance, et que sa ferme volonté de maintenir la loi égale pour tous, n'eût fait placer les deux amis sur la sellette de ce qu'on appelait autrefois le *grand criminel*; mais loin de l'œil du maître, une haute protection put être efficace pour couvrir le coupable, par intérêt pour celui qui ne l'était pas. Le maréchal Masséna, à la famille duquel était alliée celle du sénateur Porcher de Richebourg, très proche parent lui-même du jeune Henri Delatouche, obtint l'élargissement de ce dernier; et afin de lui épargner jusqu'au désagrément d'entendre citer son nom dans un procès, il réussit à faire mettre l'affaire au néant. Toutefois Rabbe ne recouvra pas immédiatement sa liberté; encore que le plaignant se fût désisté, il fut retenu par mesure de police administrative, et lorsque plus tard les portes de sa prison s'ouvrirent ce ne fut que sous la responsabilité de Masséna, et sous la condition expresse qu'il quitterait Paris. Sa mère, dont la tendre sollicitude s'était vivement alarmée, y était accourue de plus de deux cents lieues : « Ah mon fils ! lui dit-elle en le recevant dans ses bras, que tu m'as causé de chagrin; sans ce brave maréchal quel eut été ton sort ! il t'a sauvé l'honneur, et à moi la honte et la douleur de te voir condamner. » Elle l'emmena sur-le-champ remercier Masséna; et après que Rabbe eut subi la verte semonce que méritait son algarade, cette visite de gratitude étant terminée, la mère et le fils reprirent en toute hâte le chemin de leur province.

Rabbe ne pouvait se résoudre à vivre long-temps sous l'aile maternelle; les petits soins et les remontrances le fatiguaient. Il se rendit à Aix pour s'occuper de l'étude du droit, dont il ne tarda guère à prendre en aversion les livres et les professeurs. Trop dépourvu de patience pour parcou-

rir selon les règles de l'absurde routine uni-
versitaire, les degrés qui mènent au grade de li-
cencié, il demanda à les franchir tout d'un coup.
Mais cette dispense de temps, qu'il sollicitait, en
s'appuyant de très bonnes raisons, ne lui fut pas
accordée. « Et qu'importe, écrivait-il au ministre
de la justice, où et quand l'instruction a été ac-
quise; que ce soit dans la retraite si favorable à la
méditation ou sur les bancs d'une école? Qu'importe qu'on l'ait puisée dans les livres ou dans les
leçons orales des docteurs? Si l'on sait et qu'on le
prouve, que peut-on exiger davantage? Que veut-
on? que le public inhabile à choisir ait une garantie de capacité, c'est juste; il faut même que
cette garantie soit large, plus large que ne la don-
neront jamais cette série d'examens dans lesquels
les examinateurs ne s'assurent pas même, par des
questions d'une certaine portée, qu'ils ont un
homme devant eux. Les questions vulgaires ne dé-
cident de rien, surtout quand celui qui interroge
doit se contenter d'une réponse toute faite, d'une
réponse de catéchisme. Aussi, pour combien d'a-
vocats et de médecins, qui ont passé par ces fi-
lières, leur qualité n'est-elle qu'un titre? Y a-t-il
jamais eu quelqu'un qui n'ait pas été admis? Le
compte des boules, sans l'unanimité ou avec l'u-
nanimité, ne se résout-il pas toujours en un di-
plôme? Il y aurait conscience à renvoyer un igno-
rant qui a payé ses inscriptions, un stupide dont
l'assiduité a été édifiante. Il est donc évident que

l'argent fait tout, et que les délais, comme l'obligation de venir étudier dans un lieu donné sous des maîtres désignés, n'ont été établis que comme prétexte pour obtenir l'argent. On n'a pas osé lever ouvertement une taxe, on l'a déguisée sous apparence du prix d'enseignement. Eh bien! Monseigneur, ce prix, je propose de l'acquitter : je souscris à la fiction fiscale ; mais que Votre Excellence daigne me faire grâce des formalités. »

Si cette requête n'eût pas été repoussée, Rabbe fût probablement devenu un des aigles du barreau d'Aix ; car déjà il avait plaidé dans des causes criminelles, et ses débuts avaient été couronnés du plus brillant succès. On allait l'entendre comme on allait entendre Manuel son émule et son ami, et déjà les suffrages et l'approbation se partageaient entre eux, lorsque dépité par le refus du grand juge, il abandonna la partie.

Rabbe était doué de cette faconde emphatique, qui rencontre quelquefois l'éloquence et qui lui ressemble souvent. La parole qui fait de l'effet en présence d'une situation dramatique lui venait facilement ; il la jetait avec un bel organe, *ore rotondo*, en se dessinant et en accentuant son débit avec beaucoup d'art. Tous les auxiliaires d'une chaleur de tête lui étaient acquis. Avocat, il eût peut-être été, à quelques nuances près, la reproduction du type Gerbier ; c'est-à-dire l'homme des beaux discours qui émeuvent et entraînent à la première audition, mais qui tombent pleins de

vide et d'ennui à l'épreuve de la lecture. Rabbe
fut complètement dupe de ce prestige, par lequel un orateur captive l'attention ; de ce qu'il
se faisait écouter, il conclut qu'il se ferait lire, et
comme l'Académie de Marseille avait mis au concours l'éloge du Puget, il balança d'autant moins
à écrire cet éloge, que par ses anciennes études
d'artiste, il lui semblait être plus spécialement appelé que tout autre à apprécier un homme qui avait
été tout ensemble sculpteur, architecte et peintre.
Cependant, il n'eut pas même la consolation d'une
mention honorable. Il s'en vengea en éditant son
œuvre, afin d'imprimer à ses juges ainsi qu'à son
heureux compétiteur la flétrissure d'une compa-
paraison ; mais ceux-ci ne se doutèrent pas de l'affront qu'il leur faisait ; la publication passa inaper-
çue : sotte production qu'un éloge! Et qui diable
peut s'en soucier, hors ces enfileurs de mots qui,
sur les traces des Fontanes et des Garat, des Victorin
Fabre et des Villemain, osent encore, à la barbe de
la raison du siècle, faire assaut de belles lettres
ou de lettres futiles comme au temps des Fontenelle et des Thomas ! Autant vaudreit broder des
chasubles ou composer des logogriphes. Tel n'était
pourtant pas le sentiment de Rabbe, et même à la
vue des exemplaires dont le dépôt était resté intact
chez son libraire, il eut bien de la peine à ne pas se
dire *exegi monumentum!* Profondément aigri, il ac-
cusa le temps et les mœurs, et sortit encore une fois
de la Provence en parodiant l'anathème de Cujas :

ossa mea nec habebis! Sans plans, sans projet
d'aucune espèce, il revint à Paris où il eut un instant la velléité de se faire comédien : la beauté de
son physique, la pureté du timbre de sa voix qui se
prêtait aux diverses inflections tragiques, sa taille
svelte et découplée, ses mouvemens et ses gestes,
qui ne pouvaient que s'ennoblir sous les plis d'une
draperie à l'antique, lui suggérèrent l'idée qu'il
pourrait embrasser avec avantage la carrière du
théâtre. Il apprit plusieurs rôles; « mais, nous a-
t-il dit, un jour que la tentation était plus forte que
de coutume, et qu'il s'agissait de mettre le sceau à
ma détermination, je me pris et me posai devant
moi, en m'adressant ce mot *histrion! histrion!*
Moi, monter sur les planches, moi Alphonse Rabbe,
un fils de famille, m'exposer à être sifflé, me faire
le très humble valet du public; devenir un hochet
que le caprice d'un oisif peut briser! Je rougis d'y
avoir songé, et tout aussitôt je tournai mes vues
d'un autre côté. »

Il entra dans l'administration militaire et suivit
nos armées en Espagne. Adjoint aux commissaires
des guerres, il fut successivement envoyé dans les
diverses provinces occupées par nos armées. Là, son
imagination si mobile et si prompte à s'exalter par
l'insolite se teignit avec une sorte de prédilection de
toutes les couleurs de la nationalité espagnole dans
ce qu'elle a de plus exagéré. Le bandit, le guéril-
lero, le tauréador, le meurtrier clandestin d'un
ennemi par jalousie ou par patriotisme, devinrent

pour lui le beau idéal de l'humanité. Il ne vivait plus que dans ce monde sanglant, dans le nébuleux terrible de cette sbogarienne poésie. Dans son esprit, il se fit du présent et du passé une fantasmagorie singulière qui confondait tout, qui faisait tout danser ensemble dans une même ronde, l'hidalgo, le gitanos, le more, le juif, les autodafés, les superstitions, les voluptés, les ardeurs du sang africain ; il était entraîné, précipité à outrance dans une vision au sein de laquelle il s'abandonnait à ses délirantes passions, allant de droite, de gauche, à tort et à travers, tournoyant, se vautrant dans les auges d'une sensualité sans frein.

Et cela dura plus de deux ans, pendant lesquels il ne tomba pas en lambeaux ! deux ans de vertiges et de désordres, deux ans de jours et de nuits passés dans de perpétuelles orgies avec des courtisanes, au milieu des flacons et des peaux de bouc, d'où les vins chauds de l'Ibérie coulaient à grands flots. Cette vie qu'il menait, cette vie de scandaleux déportemens et d'incommensurables débauches, était alors celle des nombreux officiers d'un état-major, où depuis le sous-lieutenant jusqu'au maréchal, tous étaient profondément gangrenés de cette immoralité impudente qui se pare de sa turpitude. En ce temps, nous avons vu après un festin où de copieuses libations avaient enluminé tous les convives, un de nos généraux les plus considérés prostituer à la lubricité de leurs regards les beautés sans voile d'une autre Suzanne. Et cette

Suzanne, nue comme la vérité, c'était sa femme ; l'empereur avait signé au contrat. Quoi de plus ignoble! Mais que voulez-vous, c'étaient les mœurs de la soldatesque en épaulettes d'or ; et atteint de cette contagion, Rabbe subissait cet entraînement ; il était livré à cet éréthisme qui grandit d'excitations en surexcitations, qui s'entretient de faiblesse et d'épuisemens, qui croît à mesure qu'il se creuse et s'empoisonne.

Rabbe fut bien et dûment empoisonné, de ce poison qui décomposa le sang royal dans les veines de François Ier. et de Louis le Bien-Aimé. Il couva le venin pendant plusieurs mois, le noyant dans les flammes du punch, le brûlant à force d'épices, de toniques et de liqueurs fermentées ; ajoutant à l'âcreté de ses humeurs et à son irritabilité naturelle, par tous les stimulans, depuis la roquette jusqu'à la cantaride. Tantôt il jetait l'huile sur le feu ; tantôt, averti par d'alarmans symptômes, il recourait à des palliatifs : il improvisait une guérison qui enfermait le loup dans la bergerie ; et tout se traitant, en vrai bourreau de son corps, il se plongeait et se replongeait dans les cloaques d'une nouvelle infection.

Cette brutalité restait inassouvissable ; elle occupait et absorbait toutes ses facultés. Tout ce que Rabbe enviait le plus en ce moment, c'était le sort d'un de ces opulens Nababs qui ont leur harem ; une existence d'Asiatique avec de charmantes bayadères, d'adorables odalisques et les houris du

paradis de Mahomet en perspective. L'Inde était
à son gré une mer de délices d'où il était urgent de
chasser ces coquins d'Anglais qui s'y baignaient
depuis trop long-temps ; il composa sur ce sujet un
mémoire, c'est-à-dire le roman d'une expédition
par terre, où il détailla et admit les possibilités les
plus aventureuses. Il revint exprès à Paris pour
présenter ce travail à l'empereur, et pour obtenir
de lui la haute direction de l'entreprise, avec
les moyens de l'exécuter. En échange de son projet, Rabbe reçut des promesses assaisonnées, selon
l'usage, de cette eau bénite de cour qui, loin d'exor-
ciser le démon de l'ambition, a au contraire pour
effet de le tenir en haleine. Aussi se croyait-il déjà
transporté sur les rives du Gange, au milieu de ses
esclaves, de ses eunuques et de ses femmes ; et pour
donner à ce songe une sorte de réalité anticipée, il
avait son sérail dans une de ces maisons de filles
perdues qui font métier de se plier à la tyrannie
des plus extravagans caprices. Là, dans un salon
tout resplendissant de bougies de diverses couleurs,
on posait tapis sur tapis, on dressait un divan, on
brûlait des parfums, et vingt impudiques créatures,
dont la toilette orientale avait été empruntée aux
magasins du costumier Babin, venaient se ranger,
vénalement folâtres, autour du jeune nabab, auprès du soudan qui, mollement étendu sur des
coussins, se délectait à faire l'Indien, l'Anglais,
le Turc, enfin tout ce qu'on voudra. Zulmé lui
faisait de l'air avec son éventail, Fatime lui versait

le rhum aux bleuâtres clartés, Zamira se prosternait à ses pieds pour raviver le foyer de sa pipe au long tube de cerisier de Perse garni d'ambre. Les sorbets et les glaces alternant avec la mousse du pétillant Aï, circulaient à la ronde sur un plateau ; et quand, par ce mélange de glace et de feu, l'incendie avait pris un irrésistible degré d'intensité, le jet du mouchoir manifestait l'autorité et les préférences du maître.

Ces fêtes, qui rappelaient les jubilations de l'enfant prodigue, que le célèbre caricaturier Hogart a si spirituellement représentées dans ses iconographies morales, firent descendre le modeste patrimoine de Rabbe dans le même gouffre où s'était perdue sa santé. Il était ruiné qu'il ne s'en était pas encore aperçu ; il n'avait plus un atôme de sa substance qui ne fût vicié, que trompé par de fausses apparences, il se proclamait incorruptible. Cependant la maladie qu'il avait contractée fit tout-à-coup irruption en se signalant par d'épouvantables ravages. Bientôt tout son corps ne fut qu'une plaie, qu'une lèpre affreuse, qu'une révoltante sanie : la chair quittait les os et les os s'exostausaient, se carriaient jusque dans la moelle ; et lui, impitoyable et souffrant, s'arrachait, se déchirait avec ses ongles, se coupait avec des ciseaux, tantôt les paupières, tantôt le nez. Enfin il se décida à implorer les secours de l'art ; il consulta les plus savans oracles de la Faculté ; mais incapable de s'astreindre à aucun régime, il se persuadait y sup-

pléer en doublant, triplant, quadruplant la dose
des médicamens qui lui étaient prescrits. En désespoir de le sauver s'il demeurait exposé aux mêmes
excès qui l'avaient réduit en cet état misérable, s'il
continuait de céder aux mêmes séductions, les médecins lui conseillèrent d'aller respirer l'air natal.
« Vous n'y songez pas, leur disait-il; regardez
plutôt mon visage; voyez comment j'ai arran-
gé l'image de Dieu! Ma mère ne voudra jamais
reconnaître son fils; elle qui l'avait fait si
beau! »

Cependant il finit par comprendre que, dans
l'horrible situation où il était, il ne pouvait
recevoir que de la tendresse maternelle des soins
qui exigeaient un véritable dévouement. Les deux
cents lieues qui le séparaient de la sienne, il les fit
en proie aux plus atroces douleurs, roulant, comme
il l'a dit, sur des charbons ardens, ou comme il le
disait encore, dans le tonneau de Régulus, dont à
chaque cahot, les clous le pénétraient de toutes
parts... Rabbe revit la Provence; mais le mal qui
le rongeait n'en fit pas de moins rapides progrès, et
l'opium seul parvenait à assoupir ses angoisses.
Aussi, dans le calepin où il se proposait de déposer
jour par jour ses impressions, quelles actions de
grâce ne rend-il pas à l'opium?

« Il ne m'arrive plus, écrivait-il, de traiter avec
dureté un pauvre diable qui me demande de quoi
se payer une bouteille de vin. On s'enivrera aussi
long-temps qu'il y aura des malheureux sur la

terre. Je ne bois pas, moi, parce que j'aime médiocrement le vin, et que d'ailleurs il me faut de plus
puissans effets que ceux que j'en obtiendrais
pour soulever l'immense fardeau d'ennui, d'amertume et de regret qui m'oppresse. Je m'abreuve
d'un poison plus redoutable, je me gorge d'o-
pium.

» Rien ne soulage de la vie comme l'opium;
peut-être est-il un des plus grands bienfaits de la
Providence. Les douleurs de l'âme ou du corps,
contre lesquelles tout pouvoir humain échoue, ne
lui résistent pas; mais ce n'est rien que d'endormir
nos maux, il enchante encore le repos qu'il pro-
cure; il ôte au temps sa mesure; et pour *le thé-
riaki* (1), abandonné à ses rêveries, les heures
s'écoulent avec une douce et merveilleuse rapidité.
L'opium le jette dans une sorte d'extase qu'il est
difficile de peindre à l'esprit de ceux qui n'éprou-
vèrent jamais les effets de ce divin Nepenthès. On
jouit de se sentir emporté vers une vague éternité!
Couché sur le lit de douleurs, je semblais un insensé
à ceux qui m'approchaient, quand je leur vantais
les bienfaits de mon poison favori. « Écoutez,
leur disais je; vous déplorez mon sort, mes souffrances, une si brillante jeunesse consumée; hé
bien! à l'heure où mes rideaux se ferment, où
l'opium m'est apporté par la main de ma mère qui

___

(1) Preneur d'opium.

pleure, je ne changerais pas ma situation pour la plus enviée qui se puisse imaginer. » L'opium redouble le courage, ranime l'espérance, prête de brillantes couleurs à l'avenir, fait rêver d'ineffables délices, crée des possibilités nouvelles, enchaine l'une à l'autre les plus charmantes illusions.

» Variable dans sa manière d'agir, qui se subordonne à une multitude de causes particulières, il n'a pas toujours une ravissante influence, mais lors même qu'il ne déplace pas les idées et n'élance pas l'âme dans cette sphère d'activité magique, il est un ami bienfaisant ; il console parce qu'il inspire une résignation courageuse ; il rend calme et patient ; il remplit d'une douce quiétude, d'une tranquille ataraxie l'intervalle qui sépare le crépuscule de l'aurore. La nuit est bien plus impitoyable, bien plus orageuse que les jours pour les êtres qui souffrent, soit des douleurs physiques, soit des atteintes de la tristesse et de la peine ; franchir la nuit, fut toujours pour moi une grande affaire.

» Je détruis mes forces et j'abrège ma vie ! on me crie que je suis un insensé ! Mais vous qui me condamnez, savez-vous ce qu'est ma vie ? Savez-vous si la coupe qui m'est départie par le sort au banquet de ce monde, m'est douce ou amère ? Qu'auriez-vous à répondre, si je vous disais qu'une seule nuit d'opium durant laquelle affranchie des sollicitudes terrestres, mon âme s'élance vers les cieux toute pleine du pressentiment des choses immortelles, qu'une seule nuit où tout ce que l'imagination humaine peut créer de ravissantes images m'environne et me remplit, est préférable à tout un siècle de vie traîné dans les sordides intérêts qui occupent une existence que la fortune condamne à être laborieuse ? Eh ! que m'importe à moi de vivre pour souffrir ? Je sais tout ce que vous allez me dire ; arrêtez-vous là, dispensez-vous de me répéter les conseils pédantesques de cette morale triviale des gens qui ne souffrent pas, de cette froide morale qui ne fut ni inventée par le prince péruvien sur son lit de charbons ardens, ni par la victime que renfermaient les flancs du taureau de Phalaris...

» Souvent j'ai dit, et Dieu m'est témoin que je suis en cela sincère, que si la fortune m'avait laissé un revenu de quelques milliers de francs, bien assuré pour quelques années, je ferais choix d'une charmante solitude, où j'irais, me livrant tout entier à l'opium, rêver, dormir, et doucement me consumer jusqu'au moment où sonnerait l'heure du dernier sommeil. — Voilà mon projet favori, et mes châteaux en Espagne.

» Je puis, dans ma rapide ivresse, asservir à l'ardeur de mes vœux les houris célestes que le pieux Musulman espère trouver dans le paradis. Je ranime dans ce monde idéal celles que la faux du trépas a moissonnées, je fais naître celles qui n'existèrent jamais, belles, ravissantes et d'une fraîcheur immortelle ; elles me versent l'opium de l'autre monde autant au-dessus de celui que je prends, que l'ambroisie surpasse nos grossières liqueurs. Une chaleur divine coule dans mes veines ; une inconcevable vigueur, une élasticité plus rapide que la pensée font mouvoir les ressorts de mes organes nouveaux. »

Cette divagation de malade, est sans doute bien longue, mais Alphonse Rabbe ne vit plus, et je n'ai pu lui demander la permission d'en retrancher un *iota*, ce que certes il ne m'aurait pas accordé. Au reste c'est désormais un cas pathologique que je retrace.

Au bout d'un an, sa maladie parut avoir perdu quelque peu de sa malignité. Las d'être à charge à sa mère et regrettant sans doute aussi, malgré la plus cruelle expiation, les distractions parisiennes, Rabbe vint de rechef dans la Capitale où il reprit ses habitudes, auxquelles il joignit, sous prétexte de faire ressource, la terrible et incurable passion du jeu, dont il courut les hasards et les émotions. Les bénéfices du tripot ne l'enrichirent pas. Pour jouer et pour vivre, il se vit réduit à vendre sa prose et ses idées à quelques-uns de ces sots vaniteux, qui pourtant ne sont pas assez sots pour ne pas préférer au leur l'esprit d'autrui. Le geai qu'il travailla d'abord à parer des plumes du paon, était un comte dont il fit l'*Itinéraire en Espagne*, qui lui fut médiocrement payé ; puis il lava le linge de deux ou trois autres réputations littéraires ou philanthropiques, tout aussi bien fondées ; puis il composa un tableau de l'empire de Russie, que signa un chevalier d'industrie, Damaze de Raymond, qui avait besoin de motiver par cette œuvre de circonstance (l'on était alors en 1812), sa prochaine promotion à une préfecture, dont son parent, le chancellier de la Légion-d'Honneur Lacépède, avait obtenu la promesse de l'Empereur ; puis, toujours sous le nom de cet homme qui était en train de se faire une position, il inséra dans le journal de l'Empire, plusieurs lettres sur la musique dont le personnel, à propos d'un opéra du maestro Belloni, s'était partagé en deux camps comme au temps de la querelle des Gluckistes et des Piccinistes. Cette polémique vive, acérée, mordante, fit grand bruit, et vraisemblablement si Damaze de Raymond n'eût été surpris jouant avec des cartes bizautées, ce qui lui attira un duel, dans lequel il succomba, le teinturier aidant, il serait aujourd'hui l'un des plus fermes pivots politiques de la rédaction subventionnée des *Débats*.

Damaze de Raymond étant mort, Rabbe, qui sous ce nom ainsi que sous celui du comte avait obtenu un éclatant succès, essaya de revendiquer la gloire qu'il leur avait faite. Il parla des travaux qu'ils s'étaient attribués, en s'en déclarant l'auteur, et pour ne laisser aucun doute à cet égard dans l'esprit des libraires, il leur dévoilait un bizarre expédient dont il s'était servi : dans le *Tableau de l'empire de Russie*, comme dans l'*Itinéraire en Espagne*, il avait eu à plusieurs reprises la précaution de jeter des phrases anagrammatiques qui, par un simple mouvement de syllabes, se transformaient en cette assertion : *Alphonse Rabbe de Riez est l'auteur de ce livre*. Au moyen de cette ruse, il avait cru assurer la vente du premier ouvrage qu'il voudrait entreprendre sous son propre nom.

Sous l'Empire, avec sa censure tracassière, ses libraires brevetés et ses monopoles, les publications nouvelles étaient clair-semées : les écoliers achetaient les stéréotypes, mais généralement on n'était pas en goût de lire, sinon quelques vieilleries ou de bien tristes nouveautés académiques, enfans morts-nés de la décrépitude du dix-huitième siècle. Les circonstances n'étaient donc pas propices, aussi Rabbe se mit-il inutilement en quête d'un éditeur à enrichir : s'il offrait comme échantillon les vingt premiers feuillets d'un manuscrit, au titre bien ronflant, à la conception originale et féconde, *est-ce du Delille?* lui demandait-on. — *Est-ce du Bouilly? du Pigault? du Maltebrun? de l'Anquetil? du Millin? Est-ce du Bonald?* Le Bonald se prônait, même il se vendait; un obscurant ! Les borgnes étaient rois alors : ce que c'est que de vivre dans les ténébreux étouffoirs du despotisme! Le Rabbe était refusé net, fatal accueil dont il accusait l'horreur qu'inspirait son visage dévasté; et en effet, ce visage, couvert de plaies qui se rouvraient sans cesse, était horrible, j'en sais quelque chose, moi

qui par commisération, lorsqu'il eut pris la détermination d'aller le cacher encore une fois dans les
Basses-Alpes, me soumis, sur le marche-pied de la
diligence, au supplice de ses embrassemens.

Rabbe était en Provence, lorsque l'invasion de
1814 y amena les Autrichiens ; à la vue de ces habits blancs, qui firent poindre dans la grande âme
du petit Thiers, enfant précoce si jamais il en
fut, le germe de ces répugnances que le patriote
Manuel éprouvait à un si haut degré, il fut saisi
d'un sentiment de profonde douleur. Mais bientôt,
séduit par les proclamations fallacieuses des Bour-
bons et de leurs alliés, qui nous apportaient, di-
saient-ils, la paix avec la liberté, il se fit royaliste,
en haine du despotisme impérial et par amour de la
liberté !... Il eut la bonhomie de croire à la sagesse
d'un roi élevé à l'école du malheur, à peu près
comme après les trois glorieuses, certaines gens
ont cru à la Charte-Vérité et à la meilleure des ré-
publiques. Ses yeux ne furent pas prompts à se
dessiller, et quand du rivage de Cannes, sous le
vent de l'enthousiasme populaire, l'aigle, rapide
dans son essor, vola de clocher en clocher jusque
sur les tours de Notre-Dame, cette seconde appa-
rition le transporta d'une frénétique colère. Avec
une face plus présentable, il n'eût pas manqué de se
ranger sous le drapeau du duc d'Angoulême, mais
s'il ne se plaça pas parmi les volontaires royaux, il
brigua du moins l'honneur d'une mission secrète,
afin de prouver son dévouement à la cause qu'ils

avaient embrassée. C'est à lui que nous emprunterons la relation de cet épisode de sa vie.

« Le duc d'Angoulême était en Espagne; les frontières étaient rigoureusement gardées et toutes communications interrompues. En pareil cas, le courage et l'adresse peuvent seuls les rétablir. Il fallait au général Loverdo un homme disposé à braver les dangers de toute espèce qui s'offraient dans une mission pareille; elle me fut secrètement proposée; je ne balançai pas à l'accepter.

» Dans la nuit de la Pentecôte de 1815, je m'abouchai avec le général Loverdo, par l'entremise de Gravier de Gréoulx, depuis nommé député et maintenant trésorier de la Caisse d'amortissement. C'était Gravier qui avait ménagé un asile au général; Gravier s'était d'ailleurs brillamment signalé par son dévouement à la cause royale pendant les Cent-Jours. Le général me remit deux lettres, dont l'une était pour le prince, l'autre pour une personne de distinction que je devais trouver sur ma route. La première fut cachée par moi dans le collet de mon habit, de manière à la soustraire aux plus minutieuses recherches; la seconde servit de bouchon à l'un de mes pistolets.

» Les bornes d'une lettre ne me permettent pas d'entrer dans le détail de tous les incidens qui pourraient donner de l'intérêt au récit de mon voyage. Vous vous ferez une idée des difficultés que j'eus à surmonter pour parvenir jusqu'à la frontière par ce qu'il me fallut déployer de sang-froid et de présence d'esprit à Montpellier, à Béziers, à Toulouse, à Auch, à Tarbes, à Pau, partout enfin où je fus obligé de présenter mon passeport au double visa de l'autorité civile et de l'autorité militaire. Le défaut des formalités primitives, qui sautait aux yeux dans ce passeport, qui n'était pas, ainsi qu'il aurait dû l'être, visé par le sous-préfet de mon arrondissement; qui avait été délivré à Gréoulx et non dans ma propre commune, donnait lieu à des objections interminables. Ainsi à Toulouse je n'aurais pas obtenu d'aller plus loin si je ne m'étais prévalu de la protection de mon ancien camarade Treilhard, qui venait d'être nommé préfet de la Haute-Garonne.

» Le but ostensible de mon voyage et la destination indiquée sur mon passeport étaient les eaux de Barréges. L'aspect de mon visage, affecté des restes d'une violente éruption cutanée, rendait cette destination très vraisemblable. C'est par-là que je trompai Treilhard lui-même, qui, nonobstant nos liaisons passées, m'aurait certainement fait arrêter, pour peu qu'il eût soupçonné mes projets. Il était convenu avec le général Loverdo qu'à Barréges je me procurerais un guide pour traverser la frontière en droite ligne; mais le général Loverdo avait à cet égard calculé ses mesures avec trop de précipitation, ou peut-être connaissait-il mal cette partie de la frontière. Lorsque j'arrivai à Tarbes, les neiges tombaient encore sur les montagnes de Barréges, et pour beaucoup d'argent je n'aurais pas trouvé un guide qui se fût exposé à me conduire jusqu'à Gavarnie, le premier village espagnol qui se trouve au revers des Pyrénées. Il fallut prendre une direction différente. Je m'étais heureusement muni à Toulouse d'une excellente carte de la frontière, qui se composait des cartes réunies des départemens des Pyrénées-Orientales, de l'Arriége, des Hautes, Basses et Occidentales Pyrénées. Je me rendis à Pau, d'où je me dirigeai sur les *Eaux-Bonnes* qui se trouvent sous le pic du Midi. Parvenu là, j'eus l'air de m'y établir ; je déposai mon porte-manteau ; j'annonçai l'arrivée de mes malles, et comme pour voir un peu le pays avant de prendre les eaux, je me rendis au village de Gabao, dans la forêt de ce nom ; j'y louai un mulet et un guide, et me fis conduire du côté du *port* de Larrau. On nomme port dans l'idiôme du pays tous les passages facilement praticables au travers de la frontière.

» Jusque-là cependant l'issue de mon entreprise était au moins problématique, car je n'avais qu'un vague espoir que le port de Larrau serait moins bien gardé que tout autre. Il n'y avait qu'un moyen de sortir d'embarras, c'était de m'ouvrir à mon guide, de le séduire en faisant briller à ses yeux deux ou trois pièces de 20 francs, et de lui brûler la cervelle, sans le marchander, si je le voyais disposé à me trahir et à me livrer. Je n'en fus pas réduit à cette fâcheuse extrémité : mon guide me servit de bien bonne foi ; il m'assura que la seule manière sûre de franchir la frontière, était de la passer avec les contrebandiers. Il ajouta que si je voulais remonter du côté du pont de Severs, il m'aboucherait avec eux, et que pour une faible somme d'argent ils me conduiraient pendant la nuit, par des sentiers infréquentés.

» Je me fiai à mon homme et j'eus bientôt conclu mon marché. Dès la nuit suivante, ils m'emmenèrent; cette nuit était affreuse, l'orage grondait de partout, la pluie tombait par torrens, on n'apercevait ni ciel, ni terre, et je crois qu'au milieu de ces épaisses ténèbres nous aurions pu passer à la barbe des douaniers. Au point du jour nous étions sur les terres d'Espagne; mes guides allaient du côté de l'Arragon, moi du côté de la Navarre espagnole et de la Biscaye; en conséquence, nous nous séparâmes et je cheminai seul dans la vallée de Roncal. Brisé de fatigue, j'arrive le soir à Roncal; il y avait un petit poste; je suis arrêté par des soldats déguenillés et conduit à l'officier qui le commandait. Il avait d'abord envie de m'arrêter, me prenant pour un espion du gouvernement impérial; mais nous finîmes par nous entendre, et il me laissa continuer le lendemain ma route sans pouvoir me dire d'ailleurs si le duc d'Angoulème était à Vittoria où j'allais le chercher.

» Je parvins le lendemain, non sans éprouver quelques difficultés du même genre, jusqu'à Pampelune. Une fois dans cette ville, j'acquis la certitude de la circonstance qui pouvait être la plus malheureuse pour moi, c'est-à-dire que Son Altesse Royale n'était plus à Vittoria. Déjà à Urroz, village qui n'est qu'à deux lieues de cette capitale de la Navarre, les émigrés français des environs d'Agen qui cherchaient à rentrer en France, m'avaient annoncé que le prince avait quitté la Biscaye depuis environ un mois. Ils m'avaient averti qu'après le départ du prince Vittoria était devenue inhabitable pour les Français par les soupçons et les vexations sans mesure dirigés contre eux, et qu'eux-mêmes avaient fini par en être chassés. Sur ces motifs, ils m'engagèrent à ne pas pousser plus loin et à me joindre à eux; mais outre qu'il entrait dans mon plan de ne pas rétrograder sans des raisons péremptoires, et que leur récit me paraissait exiger une confirmation positive, je jugeai imprudent de revenir avec cette petite caravane composée de sept personnes, de trois chevaux et deux mulets de bagage. C'était beaucoup trop de monde pour traverser la frontière impunément. Ils furent effectivement arrêtés et conduits à Pau comme je l'ai su depuis.

» Le commandant espagnol de Pampelune, auprès de qui je me fis conduire en arrivant, m'assura que le duc d'Angoulême avait quitté la Péninsule. Il s'était, disait-il, embarqué à la Corogne, et, selon son calcul, il devait avoir rejoint la duchesse son épouse qui était en Angleterre. Je recueillis cependant une version plus probable, c'est que le prince, après avoir passé quelque temps à Madrid, s'était rendu en Catalogne, et que, dans ce moment, il devait être à Barcelone. Il était en effet peu vraisemblable que le prince eût renoncé si facilement à l'espoir d'opérer une diversion puissante dans ces provinces du Midi, où il venait d'acquérir des titres à la confiance et à la gloire.

» Je pris donc la résolution de repasser la frontière, espérant, non sans quelque apparence de raison, que je pourrais la traverser une seconde fois sur un point qui me rapprocherait de celui où se trouvait actuellement le prince.

» Je pouvais en effet abandonner les *Eaux-Bonnes*, et sous le prétexte qu'elles ne convenaient pas à la nature de ma maladie, venir faire viser à Pau mon passeport pour Bagnères-de-Luchon, qui est situé dans une vallée mi-partie espagnole et française, et d'où l'on peut facilement en trois ou quatre heures atteindre Venasque et Castel-Léon, petites villes de guerre qui appartiennent à la Catalogne. L'événement trompa malheureusement ce calcul.

» Je vins reprendre mon porte-manteau aux Eaux-Bonnes, où quatre ou cinq malades, avec lesquels j'avais dîné en arrivant, eurent la discrétion de ne pas trop me presser sur l'emploi de mes quatre jours d'absence ; ils le devinaient de reste, à ce que je compris par leur air. J'arrivai à Pau le soir du 17 à sept heures. J'étais fatigué, je soupai et de suite je me mis au lit ; à sept heures du matin je dormais encore, lorsque ma porte, n'étant point fermée en dedans selon ma constante habitude, un maréchal-des-logis et deux gendarmes s'offrirent à mes yeux. La vue de ces sbires, présage soudain du dénoûment le plus sinistre de mon voyage, ne fit cependant sur moi que l'impression médiocre d'un résultat long-temps prévu comme l'une des chances les plus probables du jeu auquel je jouais. Je sentis à l'instant que le sort de ma vie dépendait de celui des papiers dont j'étais porteur. J'étais sur mon séant, et je disputai d'abord avec les gendarmes pour me donner le temps de songer au moyen de les leur soustraire. Mais les gendarmes étaient sûrs de ne pas se tromper, et pendant, qu'en leur exhibant mon passeport, je' m'efforçais de leur démontrer qu'il était parfaitement en règle : « N'importe, me dirent-ils, nous avons reçu l'ordre formel de vous conduire devant M. le baron Rey, général commandant la place; il faut que vous veniez avec nous; veuillez vous lever. » Je leur répondis en riant que je n'avais absolument aucune raison pour me refuser à l'invitation de M. le général, dont je serais très flatté de faire la connaissance; mais, ajoutai-je, Messieurs, j'ai quelques habitudes de malade; je vous demande un peu de liberté pour m'habiller et me mettre en état de vous suivre. A ces mots, le maréchal-des-logis, en gendarme bien élevé, prenant la parole : « Sans doute, Monsieur, sans doute, dit-il, habillez-vous à votre aise, » et là-dessus. faisant signe à ses hommes, il sortit après eux, tirant légèrement la porte sur lui.

» Je sautai à bas de mon lit ; je jetai les yeux autour de moi, et, en apercevant le baldaquin à rideaux d'indienne à larges fleurs sous lequel je venais de reposer si tranquillement, une inspiration subite me frappa. Je volai à mon porte-manteau ouvert sur une chaise ; j'en tirai une chemise dans laquelle j'avais caché les papiers qui pouvaient me décéler, n'ayant laissé dans mon portefeuille que la consultation que j'avais prise à Montpellier, avec quelques autres papiers insignifians. Les papiers de la chemise ne formaient qu'une épaisseur de dix ou douze feuilles ; je m'élançai sur mon lit, et plongeant le bras dans la partie supérieure du baldaquin, je les glissai au-dessous du cadre, entre l'étoffe et le bois. Je dirais que ce fut un coup de la Providence, si j'aimais à mêler son nom et ses soins à de si petits intérêts ; mais je la respecte trop pour cela, et je pense, en tout cas, qu'il eût été plus simple de sa part de me conduire au but de mon voyage et au succès de ma mission. »

La catastrophe de Waterloo fit pousser en même temps un cri de joie et de vengeance aux populations du Midi. Rabbe, nous regrettons de le dire, s'associa à ces manifestations anti-nationales : il se fit le Démosthène de la réaction ; il appuya les cris de mort qui étaient proférés ; il rédigea ces vociférations dans des satires dirigées contre Masséna qui avait été son bienfaiteur ; et après ces *Massé-*

naires, il écrivit et signa le premier une dénonciaciation que les furibonds de Marseille adressèrent à la chambre introuvable, pour demander la tête de ce maréchal, la seconde gloire de la France. Il désigna en masse au glaive de la réaction les conventionnels qui avaient voté la mort de Louis XVI, et parmi eux se trouvait l'oncle de son ami, M. Tabaud de Latouche, à qui il avait les plus grandes obligations. Mais électrisé par son fanatique entourage, Rabbe ne pouvait plus être retenu par les liens de la reconnaissance : il se fût reproché de ne pas faire abnégation de ses propres sentimens ; ne pas les immoler tous à la sainte royauté, c'eût été de l'égoïsme, et quand il se montrait, de la sorte, ingrat et cruel, il s'imaginait faire du patriotisme comme Brutus, lorsqu'il livrait ses deux fils à la hache des licteurs. Oh ! qu'il dut avoir de honte au premier instant lucide, la première fois qu'il lui fut permis de porter avec quelque calme son regard en arrière !

Ce retour sur lui-même fut provoqué par une lettre qu'il reçut de Paris : elle était d'un jeune écrivain de ses amis, le malheureux Delverne qui depuis s'est suicidé pour ne plus être le témoin des crimes de la Restauration. Rabbe ayant lu cette lettre dans laquelle sa conduite politique était sévèrement jugée, se sépara tout-à-coup des énergumènes dont il s'était fait le chef de file, et étant rentré dans la solitude, il y foula aux pieds sa cocarde et les lys de son brassard. Dire qu'aucun mécontentement provenant d'une ambition déçue n'ait contribué à précipiter ce subit changement du blanc au noir, ce serait donner une entorse à la vérité. Rabbe s'était attendu à une récompense éclatante de son zèle : on lui fit offrir quelques pistoles pour prix de la mission qu'il avait remplie en Espagne ; on voulut lui faire *un gracieux comme à un laquais* : ce sont les expressions dont il s'est servi dans ses plaintes au général Loverdo. — *Des hommes tels que moi,* ajoutait-il, *sont moins avides d'argent que d'honneur.*

Rabbe vécut quelque temps dans la retraite la plus absolue, n'osant presque plus se montrer, tant il lui semblait que les actes de son royalisme avaient imprimé sur son front le sceau ineffaçable de la réprobation. Dans son chagrin, il se répétait sans cesse que tout était fini pour lui, qu'il avait brisé sa carrière, et, à défaut d'un confident de ses douleurs, il les épanchait sur le papier : chaque phase de cette existence tourmentée eut ainsi ses doléances écrites; c'est ce qu'il appelait ses *veillées*. L'instabilité de ses sentimens et de ses impressions s'y révèle à chaque ligne ; on y voit que ce cœur d'où déborde l'absynthe est comme pressé dans un étau. Voici des pages qu'il traçait alors (1817) :

« Mon vieil et nouvel ami Gabriel, tout en déplorant les vicissitudes cruelles de ma jeunesse perdue, perdue pour la gloire comme pour la fortune, me répète souvent, et c'est son refrain accoutumé : *mais vous êtes si jeune encore ! vous êtes au plus bel âge de la vie !* il sait pourtant que j'ai trente-trois ans révolus ; en vérité je ne comprends pas comment ce brave homme peut me trouver jeune et au plus bel âge de la vie ; il a donc oublié ses vingt ans.

» Le plus bel âge de la vie est celui où l'âme est neuve, énergique de franchise, d'espérance et de sensibilité, où remplie des illusions les plus charmantes, elle fait un appel de bonheur à la nature entière, où rien n'a flétri le cœur, attristé l'imagination, où le malheur et l'injustice n'ont pas encore brisé dans les mains de cette enchanteresse le prisme dont elle embellit et colore l'avenir de la vie ; l'âge où l'on éprouve avec un mystérieux transport le besoin d'aimer, où l'on aime avec ardeur, avec enthousiasme, avec dévouement, l'âge surtout où l'on est aimable ! hélas oui, c'est bien là le plus bel âge de la vie.

> « Quoi ! pour toujours vous me fuyez,
> » Tendresse, illusions, folie !
> » Dons du ciel, qui me consoliez,
> » Des amertumes de la vie ;
> » On meurt deux fois, je le vois bien :
> » Cesser de plaire et d'être aimable
> » C'est une mort insupportable.
> » Cesser de vivre ce n'est rien. »

» Que je l'ai peu savouré ce bonheur ! que j'aurais pu le connaître davantage ! et combien il y a eu de ma faute : oh ! quand je dédaignais des engagemens qui m'eussent asservi à une femme aimable, mais digne d'être estimée ; quand je préférais la flamme phosphorique du plaisir au jour pur, à la douce lumière d'un tranquille bonheur ; quand prodigue des trésors de la jeunesse et de la santé, j'éteignais mon génie et mon avenir dans les bras de tant de beautés vénales, quand j'achetais follement le remords, oh ! si une divinité protectrice m'eût fait regarder dans le miroir du terrible avenir, aurais-je supporté cette vue !...

» Quel était l'excès de mon délire et la force de mon aveuglement ! je marchais tranquille sur le bord de tous les abîmes ouverts devant moi. Les passions les plus destructives se disputaient mon existence, le temps fuyait rapide, et les serpens du regret qui m'ont dévoré depuis, faisaient entendre quelquefois un sourd et sinistre murmure au fond de mon âme, qui s'évitait et semblait redouter son propre entretien.

» Je parlais tout-à-l'heure des priviléges du bel âge : mais m'appartient-il de les peindre, à moi, qui les ai pressentis peut-être, mais non pas possédés et connus ; j'ai déchiré par lambeaux la trame de la plus belle moitié de ma vie.

» J'étais sans doute prédestiné au malheur, ma destinée était de celles qui sont inévitables ; je suis né sous un astre funeste, car le sourire d'une mère n'enchanta point mon berceau, car son sein ne me donna jamais une goutte de ce lait que la nature y avait élaboré pour moi ; car ma débile enfance fut assiégée de précoces douleurs , et deux ou trois mères d'emprunt ne présentèrent à ma bouche desséchée par un vagissement continuel, que des mamelles épuisées par la maladie ou la misère ; la dernière pourtant me sauva ! Que de soins, que de tendresse me prodigua cette excellente créature, que j'ai encore tant aimée dans sa vieillesse pleine d'enjouement comme de bonté. Bonne tante Isabeau, que j'écrive ton nom une fois, tu n'avais de ta condition que la modestie et le dévouement, mais rien de sa bassesse ni de sa grossièreté.

» Et toi, vieux Gaspard, son époux honnête, tu lui avais survécu, et tu m'attendais désolé. Lorsque je vins chercher sous le soleil de la Provence ma guérison ou mon tombeau, je devais ne plus te revoir, ne plus te placer à côté de moi à la table hospitalière, ne plus réchauffer tes veines glacées par le grand âge, de quelques rasades d'un vin balsamique et généreux. Quelle vive gaîté, quelle feu pétillait encore, en ces occasions, dans tes yeux ; tu ne te sentais plus de tes soixante-et-douze hivers ! bon vieillard, tu reposes maintenant et moi je souffre, mais je ne crains pas d'aussi longs jours que les tiens.

» Enfant, je ne fus point aimé, je désirai vainement les caresses d'une mère, et mes timides douleurs s'augmentaient de la vue continuelle du bonheur d'un autre, objet unique des sollicitudes et des émotions qui remuaient les entrailles où nous avions pris la vie tous les deux ; voilà éternellement les plus vivaces et les plus amers de mes souvenirs : les impressions des derniers événemens qui m'ont agité, sont moins dominatrices; l'image de ce que j'ai vu et ressenti hier est moins fortement gravée *là*, où ces choses se gravent et demeurent.

» Ainsi ma sensibilité était flétrie presque avant que de naître: ah! j'ai cette conviction, que les impressions du premier âge superétendent leur influence sur toute la suite de la vie, quels qu'en soient la fortune et les événemens; que pour jouir d'une existence heureuse, rien n'est plus nécessaire que d'éprouver des impressions de bonheur en commençant; une tristesse cachée au plus profond de mon être, mais décélant sa présence même au sein des joies de ma jeunesse, m'a révélé cette vérité fatale. Quand j'ai soumis à une observation attentive ce sentiment d'une vague douleur, d'une morosité sans cause, d'une amertume qui se mêlait au miel des plaisirs les plus doux, quand j'ai bien écouté mon âme à ce sujet, après l'avoir interrogée, toujours j'ai été ramené par elle à ces premières peines, à ce malheur irréparable de mon enfance.

» O mères! aimez vos enfans, alors surtout que leur faiblesse commande toute votre tendresse et que leur sensibilité naissante est avide de vos regards, de vos baisers, réclamés chaque jour par leur naïf empressement, si le trait empoisonné du dédain n'a pas glacé leur âme.

» J'entends ma mère à côté de moi, elle est assise auprès du feu dans le salon; sa voix altérée par un rhûme opiniâtre annonce toute la faiblesse de sa poitrine ; je me reproche presque des souvenirs qui l'accusent, quelque justes et véridiques qu'ils soient. Dieu m'est témoin, ce Dieu, à la providence de qui je demande un peu de prospérité après tant de peines et de souffrances, que mes regrets n'entreront jamais dans le calcul de mes devoirs auprès d'elle, si le temps à venir me voit moins contrarié par le sort ! »

Les remontrances amicales du jeune Delverne avaient détaché Rabbe de la faction ultrà-royaliste ; les noms honorables et patriotiques que comptait dans son sein l'opposition libérale la plus avancée, achevèrent sa conversion. De ce côté, il vit l'amour sincère du pays, de l'autre, il n'aperçut plus que le dessein d'asservir et d'exploiter la France ; étonné d'avoir persévéré dans sa méprise autant qu'il l'avait fait, il pensa à réparer ses torts par un dévouement sans bornes à sa nouvelle conviction ; cependant une sorte de pudeur le tenait encore écarté du combat : pour ne pas être taxé de versatilité, il fallait qu'il se fût donné le temps de la réflexion, qu'il se glissât lentement sur la pente du libéralisme : c'est ce qu'il fit, ne lâchant d'abord que modérément la bride à son opinion dans le cercle de quelques familiers, puis exprimant ensuite hautement sa pensée sur un gouvernement qui méconnaissait les vœux et les intérêts du pays.

Sa première attaque, dirigée contre le pouvoir qui avait encore tant et de si fougueux parti-

sans dans le midi, fut un journal souterrain inti-
tulé le *Gnome*, espèce de nouvelle à la main,
qui se distribuait clandestinement ; un an après il
fonda le *Phocéen* à Marseille, et souleva contre
lui, dans ce foyer de l'ultracisme, tous les fanatiques
de cette religion. Les jésuites et les capucins, que
nous reverrons, s'il plaît à certaines bigoteries prin-
cières , et à nos seigneurs de la doctrine, qui ne
sont guère plus chrétiens que les capucins et
les jésuites , ameutèrent toutes leurs bandes de
congréganistes et de cagots : Rabbe fut recommandé au prône, si bien recommandé qu'après
plusieurs tentatives d'assassinat dont il avait failli
devenir victime, l'autorité voulant écarter le soup-
çon de sa connivence, se vit obligée d'entourer de
troupes le quartier qu'il habitait ; elle lui fit en
même temps insinuer de quitter Marseille, mais
résolu à accomplir sa mission dont il n'avait pas
ignoré les périls, il fut inébranlable et ne partit
point ; enfin le 1er mars, trois mois après la fonda-
tion du journal, par un indigne subterfuge, il fut
arraché de son domicile et jeté dans les cachots de
la Conciergerie. La haine de ses lâches ennemis le
poursuivit jusque dans le Palais-de-Justice et sous
l'égide de la loi : insulté et frappé par deux scélérats
qui traînaient après eux une cinquantaine d'hommes *d'expédition*, il ne dut son salut qu'à sa présence d'esprit et à l'énergie des paroles qu'il adressa
à cette horde d'assassins. Les auteurs de cette scène
affreuse restèrent impunis, mais par une sorte de com-
pensation Rabbe fut mis en liberté sous caution et il

continua la rédaction du *Phocéen* jusqu'au 22 mars, que la dénonciation, dans cette feuille, d'une perception illégale, fit décerner contre lui un mandat de comparution. Le conseil municipal de Marseille se prétendait diffamé par la divulgation de cet abus : l'orgueil blessé d'un particulier n'est pas toujours inexorable, celui d'un corps ne transige jamais ; Rabbe en fit la triste expérience. Il avait protesté de son respect pour la probité des membres du conseil ; mais ceux-ci n'en avaient pas moins demandé sa mise en cause, et c'était à leur sollicitation qu'avait été lancé le mandat auquel Rabbe ne déféra point, soit parce qu'il avait la certitude qu'après son interrogatoire il serait immédiatement converti en mandat de dépôt, soit parce que le souvenir des violences auxquelles on s'était porté contre lui, dans l'enceinte du palais, était trop récent encore. Il prit la fuite persuadé d'ailleurs que par sa retraite, plus efficacement que par tout autre moyen, il arrêterait ces nouvelles hostilités imminentes. Rabbe supposait qu'on n'avait eu d'autre intention que de se débarrasser de lui, aussi une fois sorti de Marseille ne se hâta-t-il pas de s'éloigner, et le 27 au soir il écrivait à son frère :

« Je suis allé me promener sur la route, du côté de Gap : la diligence m'y ramènera avant le lever du soleil, et si jusque là aucun gendarme ne se présente, si le sinistre *mandat d'arrêt* ne hâte pas mon réveil, je poursuivrai ma route tranquille, car s'ils m'avaient voulu avoir, des ordres eussent été donnés sur les routes principales, et déjà on m'aurait cherché ici : personne ne s'est enquis de moi.

» L'aspect des montagnes de Sisteron, le vert naissant des prairies sur les bords du *Buech*, a fait diversion à ces idées ; le sujet de ma fuite me donne tout juste d'inquiétude ce qu'il en faut pour me mieux faire sentir vivre, pour me donner l'appétit de la liberté, dont nous jouissons le plus souvent comme de la santé, comme de tous les biens, sans nous en douter. Hélas ! que de beaux momens dans ma vie j'ai dévorés comme on avale d'impatience un mets insipide ; tous les regrets du monde ne peuvent pas rappeler une heure perdue à ne pas vivre : mais pourquoi la valeur du présent n'a-t-elle jamais de mesure que dans l'avenir ?

» Je pensais à tout cela en considérant ces montagnes, car la présence des grands tableaux de la nature m'a toujours fortement poussé à de sérieuses méditations sur ma destinée comme homme, et sur mes vicissitudes particulières ; le résultat de ces méditations est que j'ai manqué la vie pour mon compte et que je n'ai connu aucun homme qui fût dans les véritables voies.

» Il faut que de puissantes leçons soient écrites dans les pages d'une nature majestueuse et sévère, pour que ses *harmonies* fassent toujours entendre au fond de notre âme la voix du regret ; quand j'aperçois au fond d'une vallée qui se resserre par degrés, un petit bois dominé par des rochers, et que je distingue à gauche ou derrière une petite maison, mon cœur bondit et s'écrie :— là, c'est là, voilà ou je veux être, et point d'hommes !

» Ce *point d'hommes* peut paraître affreux, Dieu sait pourtant si c'est l'accent d'une farouche et haineuse misanthropie. Non ! mais c'est que les hommes actuels sont en discordance absolue avec les choses de la nature ; je sens cela ainsi, au point que les environs de nos villes si brillans et si cultivés m'ont toujours serré le cœur ; je suis toujours tenté de crier aux cultivateurs : *semeurs de petites graines*, ne labourez pas tant, laissez un peu faire la nature qui garnit de bois épais les flancs des montagnes et puis y place de féconds troupeaux ; rendez-moi les pasteurs d'autrefois, rendez-moi ces hommes primitifs pour qui les montagnes étaient sacrées et paternelles. »

Rabbe avait cru que les ressentimens auxquels il était en butte s'apaiseraient ; il s'était trompé, il fut poursuivi : et comment poursuivi ? comme un scélérat pris la main dans le sang ; comme un grand criminel contre qui aurait puissamment réclamé la vindicte publique ! Son signalement imprimé fut expédié sur toutes les routes, chaque mot de ce signalement était un outrage : il y était traité avec cette absence d'égards qu'on n'aurait pu se permettre avec le plus méprisable bandit... Les assassins de Marseille et de Nîmes n'avaient pas été pourchassés avec cette avide vigilance, avec cette impitoyable célérité. Il fut arrêté à Grenoble et conduit dans les

prisons de cette ville, où des cœurs pleins de patriotisme, d'humanité et de noblesse, lui prodiguè-
rent d'inespérées consolations. Enfin, après deux
mois de captivité, qui avaient achevé d'épuiser ses
forces, il recouvra provisoirement sa liberté et
se rendit à Marseille, pour donner satisfaction à ses
accusateurs.

On chercha à lui faire entendre qu'il pouvait,
par une sorte de rétractation devant le jury, se
concilier son indulgence. « Une rétractation, s'é-
crie Rabbe, qui raconte cette particularité, une
rétractation !.. quand j'ai la conscience de la vérité
de mes assertions, de l'irréprochabilité de mes
doctrines ! Les cachots me seraient préférables à
ce prix, je n'achèterai point mon absolution par
une lâcheté ; s'il faut que je succombe, je sauverai
du moins mon intégrité morale et ne perdrai point,
par ma faute, mes droits à l'intérêt des amis que
m'a donnés le malheur.

» Au surplus, j'espère encore que la prudence de
mes juges admettra préférablement à d'odieuses
prétentions, quelques réflexions salutaires. Ils n'i-
gnoreront pas, je le suppose, que la justice est le
besoin éternel de la société ; et que dans des temps
pareils à ceux où nous sommes, elle doit, plus
impassible et plus attentive, se placer entre
l'accusé et ses accusateurs ; qu'elle ne saurait sans
scandale, abaisser sa majesté à servir des haines
privées, à fouler, avec une complaisance inhu-
maine, celui que trop d'inconsidération, trop de

rigueur dans des mesures couvertes de son nom, a déjà terrassé.

» Ils comprendront, je l'espère, que le temps rapide emporte tous les jours quelque chose des causes de nos divisions funestes, laissant d'amers regrets avec la honte à ceux dont les fureurs en provoquent la durée, et que l'avenir qui s'avance n'est pas destiné à ratifier d'insensées exagérations.

» Quel homme, continue Rabbe, n'aspire, après de si longs orages, à se reposer au port d'une vieillesse tranquille? Qui voudrait laisser aux siens pour héritage la crainte de ce qu'il a souffert ou de ce qu'il a vu souffrir?—Mais si tel qui se voit persécuter peut sincèrement abjurer tout projet de représailles, peut-il répondre également que des cœurs plus que le sien capables d'une longue et profonde irritation ne se feront point un prétexte des injustices qu'il éprouva pour venir un jour, là vengeance à la main, troubler les foyers domestiques de ses persécuteurs!..

» Quoi qu'il en doive advenir de mon affaire, lassé par tant de vexations, abattu par la maladie, trop privé de fortune pour songer à la triste ressource d'une expatriation dont le terme serait indéfini, je ne chercherai point à me soustraire au sort qui m'attend. Quels que soient mes juges, je n'en veux récuser aucun; et puis, ai-je beaucoup à redouter l'arrêt qu'on me réserve, lorsque très probablement la nature en portera bientôt un plus terrible et plus irrévocable contre moi! »

Rabbe acceptait avec philosophie toutes les conséquences d'une criante injustice, mais sa mère ne put résister à ses alarmes pour lui. La pauvre femme expira de chagrin. Quand il revint à Aix, c'était le soir, il trouva son frère seul et pleurant; il ne douta plus alors du nouveau malheur qui venait de le frapper. « Notre mère est morte? dit-il. Eh! qu'as-tu fait de ses os? —Ils sont là-bas. —Avec les autres! oh! malheur, malheur! » et s'étant assis, la tête dans ses mains, il ne proféra plus un seul mot. Le jour le surprit qu'il était encore dans cette attitude de profonde douleur. Le surlendemain, il parut à l'audience de la cour d'assises, il se présenta à ses juges, couvert de deuil, et se défendit lui-même; jamais sa parole n'avait été plus puissante : le jury répondit par un verdict d'acquittement prononcé à l'unanimité.

Cependant le *Phocéen* n'existait plus; et les circonstances n'étaient pas assez favorables pour sa résurrection. Rabbe se condamna au silence durant près de deux années que sa santé fut des plus chancelantes. Enfin, en juin 1822, échappé tout-à-coup comme par miracle, à l'état de marasme et de langueur où l'avait jeté la perte de sa mère, il vint à Paris, que cette fois il ne devait plus quitter.

Rabbe était en droit de penser que ses tribulations libérales lui vaudraient un excellent accueil de la part des écrivains publicistes qui dirigeaient les journaux de l'opposition. Mais quand il arriva, toutes les positions étaient prises, et l'on n'eut aucune spécialité à lui donner. Force lui fut de rester journaliste en expectative, avec le regret de se voir écarté tantôt sous un prétexte, tantôt sous un autre, par ces titulaires jaloux qui, n'étant bien sûrs ni de leur force ni de leur portée, ont pris le parti de rendre inaccessibles les abords de toute rédaction dont ils se partagent les produits. Rabbe ne connaissait point encore l'esprit exclusif de ces coteries dont tous les membres se coalisent et se serrent pour éviter la concurrence. Il fit plusieurs tentatives pour obtenir son admission, mais constamment repoussé, il dut se rabattre sur ces publications éphémères de petit format, qui ouvrent leurs colonnes aux nouveaux venus. Il fut successivement et parfois simultanément l'un des pourvoyeurs de l'*Album*, des *Tablettes universelles*, de l'*Album national*, du *Nain jaune*, etc. Il inséra tour à-tour dans ces recueils des articles de cette politique vague qui jette toutes ses hardiesses dans des allusions ou dans des allégories, des articles littéraires, des morceaux d'histoire destinés à faire la critique du temps présent, des fragmens philosophiques remplis de déclamations à la Raynal, et de la prose ampoulée qui lui semblait poétique, parce qu'elle était ampoulée. Il n'était alors qu'un très obscur journaliste ; or, il advint qu'un écolier, qui n'est pas que je sache passé maître depuis, fit en style d'huissier un inventaire chronologico-démocratique des faits de l'histoire de France. Entre les coups de trompette du *Constitutionnel*, pour annoncer le chocolat analeptique et la poudre à faire couper les rasoirs, de magnifiques fanfares, en manière d'éloges, invitèrent à acheter le résumé de *Félix* Bodin. L'œuvre prônée se répandit à des milliers d'exemplaires : la presse ne chômait pas ; en ce temps le public était si bon homme !

Témoin de ce merveilleux succès, Rabbe dut nécessairement se dire : *et moi aussi, je suis historien ;* il se le dit en effet, et dès ce moment il jeta son dévolu sur trois à quatre peuples, dont il s'occupa de réduire les vicissitudes, en les ramenant, autant que possible, aux exiguës proportions de ce lit de Procuste, que l'on nommait le résumé, et à qui, malgré le tout petit livre de *la grandeur et de la décadence des Romains*, on ne laissait pas de faire les honneurs d'une invention nouvelle. Rabbe fit donc un résumé de Portugal, pour la confection duquel il se figura avoir appris le portugais, et dans lequel il greffa par inadvertance, sur la souche des dynasties connues, deux ou trois règnes complètement ignorés des plus minutieux annalistes de la Lusitanie. Il écrivit un résumé d'Espagne, où, entre autres erreurs, il fait mourir Attila dans les plaines de la Catalogne, énorme bévue dont il s'applaudit d'abord comme d'une découverte, et dont il prit ensuite son parti comme d'une tache dans le soleil ; il fit un résumé de l'Église, des résumés géographiques, où sans effort il se mit de suite au niveau de la science très problématique de son collaborateur l'académicien Bory de Saint-Vincent; et enfin un résumé de Russie, si gros, si gros, qu'il donna lieu à cette épigramme :

Rabbe des vieux bouquins s'appropriant l'écume,
Fait de gros résumés afin qu'on les résume.

« J'ai traité, disait-il, le règne de Catherine avec étendue, même avec détail, avec une vigueur un peu amère, mais du moins avec une sincérité et une conscience historique que nul écrivain n'avait portées jusqu'ici dans le tableau de cette époque. »

Rabbe eut cette consolation bien précieuse pour tout auteur réduit, par sa détresse, à se mettre aux gages des libraires, qu'en faisant des compilations à tant la feuille, en arrangeant un pasticcio des pages ravivées de Lévesque et de Castéra, il put non seulement se dissimuler le néant de ses élucubrations, mais aussi se croire très sérieusement un Tacite. Un jour que nous traversions ensemble le Pont-des-Arts, il m'arriva de lui dire que ses compatriotes Thiers et Mignet m'avaient beaucoup vanté quelques chapitres d'un roman qu'il leur avait lu; j'ajoutai que tous deux le regardaient comme un homme d'imagination puissante, et qu'ils ne doutaient pas qu'il ne pût, quand il le voudrait, se placer au premier rang de nos romanciers. «Et eux donc, me riposta-t-il, avec cette véhé-

mence accentuée qui repousse un indigne affront,
ils sont des historiens ! et s'abandonnant à ce gras-
séiement qui reprend le Provençal dès qu'il est
ému ;—les petits garçons ! répéta-t-il plusieurs fois
les petits garçons ! Un Mignet ! un Mignet ! quelle
fatuité ! Vraiment il y a de quoi porter la tête haute:
la nécessité ! il a inventé la nécessité ; il a trouvé la
grande formule historique, la clé et la solution de
tous les événemens ! Quel sublime effort de génie !
Historiens, philosophes, baissez pavillon, voilà le
grand Mignet qui passe ; c'est lui qui vous apprendra
comme quoi rien de ce qui fut ne serait arrivé de
cette manière si cela était arrivé autrement. Ah !
monsieur de Lapalisse, il vous a volé !... Et ce
Foutriquet de Thiers, ainsi Rabbe l'avait baptisé,
ne va-t-on pas aussi lui faire une grande réputation ? Vous verrez qu'une amplification de rhétori-
que, sans conscience et sans recherche, une contre-
danse sur l'air de la révolution, sera louée comme
une bonne histoire. — O sauteurs ! sauteurs ! nous
vivons dans un temps de voltige et d'acrobates. »

Rabbe, ainsi que la plupart des amis du paradoxe, était utopiste ; mais il l'était trop sommaire-
ment ou plutôt trop superficiellement, pour que
cette disposition partît du concept organisateur, la
première et la plus indispensable des facultés,
quand on se propose d'écrire l'histoire. Campé sur
un événement comme le ver à soie sur la feuille
qu'il ronge sans apercevoir l'arbre auquel elle ap-
partient, il lui était impossible de s'isoler des dé-

tails pour dominer un ensemble vaste et complexe.
Mais s'il était loin de soupçonner ce qui lui manquait sous ce rapport, la parabole de l'Ecriture lui
était parfaitement applicable, et comme à nos romanciers qui se font aujourd'hui sans scrupule les
zoïles d'un rival qu'ils veulent étouffer, le fétu
dans l'œil du voisin lui sautait promptement à la
vue. Il ne tarda donc pas à reconnaître que dans
l'histoire de la révolution de M. Thiers, les faits et
les personnages les plus importans n'avaient été ni
étudiés ni compris, et que ce livre, dépourvu de
l'intérêt des causes secrètes, dévoilées d'après des
documens certains, ou des causes controversées
éclaircies, n'était qu'une rédaction nouvelle faite
au courant de la plume, à la louange de la corrup-
tion et de ce genre d'habileté qui caractérise la
faction des immoraux.

L'apologie de cette histoire devait certainement
offusquer Rabbe; un matin elle lui fut apportée à
son réveil, et il traça sur-le-champ ce billet : « Je
viens de lire, mon cher Carrel, l'article sur le livre
de Thiers : c'est admirablement frappé en vérité !
c'est la plus belle fausse monnaie que j'aie jamais
vu sortir de la main d'un honnête homme.

» Vous avez peint le fantôme gigantesque de la
révolution avec une éloquence et un bonheur d'expression au-dessus de tout ce que ma mémoire me
rappelle sur ce sujet. Thiers doit être bien charmé
de vous avoir inspiré ces trois ou quatre belles pages, et sans doute en cette considération il vous

pardonnera le supplice auquel vous condamnez sa pudeur par l'exagération outre-cuidante de vos éloges.

»Vous voilà donc décidément enrôlé thaumaturge parmi ceux du *Constitutionnel*, et aveuglant le pauvre peuple lecteur de magnifiques fariboles! Dites au moins comme ce brave homme d'évêque qui donnait par la portière de son carrosse la bénédiction à la canaille : *Qui vult decipi, decipiatur*; et souvenez-vous toujours que ceux qui vous connaissent et ont une idée de la justesse de votre esprit, ne seront pas plus dupes que vous-même de votre admiration et de votre enthousiasme pour le jeune et brillant historien. Je ne vous ai jamais connu de l'admiration que pour un homme dont l'histoire ne parlera pas, le brave, le superbe et malheureux Pacheroti. »

Pourtant notre ami Carrel n'avait été que sincère dans ses éloges : séduit par une réhabilitation très opportune et alors assez hardie du grand mouvement révolutionnaire de la France, et n'ayant pas encore acquis cette haute maturité de réflexion que donne seule l'expérience des hommes et des choses, il avait pu se faire sur le mérite de l'ouvrage de M. Thiers une de ces illusions du moment qui se fortifient par un certain degré de bienveillance ; et puis il était à cet âge où il est sage de beaucoup croire en attendant qu'on ait eu le temps de vérifier et d'apprendre. Au reste, ce reproche d'une exagération outre-cuidante n'était lui-même qu'une exagération, et c'est peut-être ici le lieu de faire cette autre remarque : c'est que pénétré comme nous, de tout de ce qu'il y avait de droit, de ferme et d'éminemment loyal dans le caractère du jeune Armand Carrel, Rabbe était fort éloigné de penser qu'il lui convînt jamais de s'enrôler parmi ceux qui ont pris la tâche d'aveugler le pauvre peuple. « Personne, me disait-il en 1826, n'a autant d'avenir que Carrel : les rudes épreuves par lesquelles il a passé sont le commencement ordinaire d'une grande destinée ; on ne voit pas deux fois de si près la mort pour ne rester dans la vie qu'un être vulgaire. » Ce n'était là que de la superstition, mais Rabbe motivait le présage : « Dans cette tête, répétait-il souvent, il y a une spontanéité de rectitude, une rapide lucidité qui feront la désolation de plus d'un sophiste, avec quelle promptitude il vous déshabille une erreur! » Il disait aussi : c'est le talent et l'adresse au service de l'honnêteté et du courage, et il complétait son idée par cette image : *froid, poli et piquant, c'est une aiguille du plus pur acier.*

Si Rabbe avait voué de l'amitié à Carrel, à combien d'autres n'avait-il voué que de la haine, mais c'était toujours de la haine d'envieux, de cette haine qui s'irrite à chaque succès d'autrui, et ne survit guère à la fortune de l'envié. De cette haine, qui lui faisait dire de bonnes vérités, il poursuivait à chaque instant deux de ses compatriotes; qu'il se désolait de voir grandir et prospérer, tandis que lui, leur ancien et leur soi-disant protecteur jadis, lui qu'ils avaient écouté pérorer et bien dire, éprouvait de plus en plus l'embarras si cruel de se faire une position. Ah qu'il était à plaindre de leur bonheur ! Comme sa bile débordait à l'occasion de leur talent vanté ! Aujourd'hui que, moyennant le plus incontestable savoir faire, il leur est advenu tant d'or et de dignités, ce serait pour Rabbe à en mourir de dépit (1) ! . . . .

. . . .

. . . .

. . . . Pilade partit d'un large éclat de rire, ce qui était de bon goût, et le docteur ajouta : « Mais nous avons parlé tout-à-l'heure de l'influence de l'éducation. »

Bientôt ce fut le tour d'Oreste : je ne me rappelle plus trop ce que Spurzheim découvrit sur son chef escarpé, pour servir de passeport à la protubérance de l'orgueil qui était chez lui hyperboliquement développée ; mais Oreste fut peu content des résultats de cette crânioscopie.

Rabbe ayant hésité un instant, se soumit aussi à l'investigation : de grosses gouttes ruisselaient sur

---

(1) Dans un intérêt qui n'est pas le sien, l'auteur de cette notice a consenti à supprimer ici quatre pages où se trouvaient rapportés les mots les plus piquans d'Alphonse Rabbe sur ses deux compatriotes. Les prévisions d'un phrénologiste y étaient consignées dans le récit d'une séance cranioscopique dont nous n'avons conservé que la fin. (*Note de l'Editeur.*)

son front. Le docteur procéde à l'examen : « Amour
physique, amour de la progéniture (personne plus
que Rabbe n'aimait les enfans, et lorsque, voulant
les caresser, il les voyait ne point éprouver d'a-
version pour lui, il était au comble du bonheur),
vénération, théosophie d'après Gall. » Le phré-
nologue jetait ses mots un à un et lentement;
Rabbe l'interrompit : « Et la couleur ? — Très
peu indiquée; mais voici l'inconstance et l'impétuosité : énergie sur un terrain mouvant, une
grande mobilité. — Vous devez apercevoir la
métaphysique ? — Non, la superficialité et des
montagnes de passions. — Ossa sur Pellion, Pellion sur Ossa, murmura le patient avec humeur. »
Et Spurzheim allait sans doute faire remarquer
l'étrange conformation de cette boîte osseuse, dont
le sommet, figurant la pointe d'un œuf ou plutôt
d'un pain de sucre, révélait un défaut d'é-
quilibre très significatif, lorsque Rabbe se leva
tout-à-coup et céda la place à M. Arry Scheffer.

Rabbe s'était émerveillé de la nouvelle science
pendant qu'on n'explorait que les bosses et les dé-
pressions de ses deux compatriotes; maintenant il
s'indigne contre elle, et ne commence de paraître moins soucieux qu'au moment où le docteur,
par une inconcevable malencontre, s'avise d'attri-
buer à M. Scheffer le génie comique. « Ah ! pour
le coup, s'écrie Rabbe, cet *oracle est moins sûr que
celui de Calchas !* Scheffer, le plus tendre et le plus
mélancolique de nos peintres ; lui qui puise toutes

F.,

ses inspirations dans un sentiment profond et triste, serait doué du génie comique ! Allons, de phrénologiste à augure, il n'y a que la main. »

Il stigmatisait les augures ; il faisait l'esprit fort et pourtant il était superstitieux comme une vieille fileuse de l'Ecosse : si au sortir de chez lui il se trouvait retenu par son habit accidentellement accroché, soudain il rentrait, dans l'appréhension de quelque grand malheur ; le premier objet qui s'offrait à sa vue le matin, était il un corbillard, il était sombre le reste de la journée ; et s'il avait fait quelque pénible rêve, il en était tourmenté comme d'un sinistre avertissement. Il consultait les nécromanciens avec le rire du sceptique sur les lèvres et l'effroi dans l'âme : le fameux Moreau eut plus d'une fois sa visite, et la sibylle de la rue de Tournon, la célèbre mademoiselle Lenormand, le comptait au nombre des croyans auxquels elle avait l'avantage de faire *le grand jeu.* Rabbe se pardonnait cette faiblesse : il la justifiait par l'exemple de plusieurs hommes célèbres ; mais, à l'égard du meilleur de ses amis, il n'aurait pas eu la même indulgence ; il ne lui aurait certes pas épargné le quolibet.

Il était caustique de sa nature ; mais rarement ses jugemens sarcastiques étaient dépourvus de justesse. *Le Globe* et ses doctes songes creux avec leurs abstrusions renouvelées des rêveries d'outre-Rhin, étaient une de ses antipathies : il les trouvait souverainement obscurs, souverainement ennuyeux, souverainement pédans, souverainement

charlatans ; souverainement , savamment, pesam-
ment ridicules et absurdes. Selon lui, *le Globe*,
prétendu organe d'une prétendue renaissance,
n'était qu'un ballon rempli de vent. — Ils sont là,
disait-il, quatre ou cinq cuistres qui, parcequ'ils
mènent *pisser* des petits comtes, s'imaginent être
des Socrate et des Solon. Dieu garde la société de
se laisser régenter par de tels pédagogues ! La
plupart de ces messieurs, façonnant de la ducaille
pour l'éternelle pairie héréditaire ou non, faisaient
alors des éducations de fils de grands et petits seigneurs de l'ancien ou du nouveau régime.

Dans la guerre du *Miroir* contre les globistes,
il fournit avec son ancien ami M. H. Delatouche,
quelques-uns des traits qui les percèrent à jour :
le premier, il voua à la moquerie les graves saltim-
banques du *point de vue* et de la *haute portée*.
L'éclectiste Cousin, alors très en faveur à la Sor-
bonne, n'était, selon lui, qu'un marchand de
joujous d'Allemagne. Il définissait son intuition,
l'action de se prendre par les cheveux et de se
poser en face de soi, pour ramener son regard à
l'intérieur. Sa philosophie, ajoutait-il, se compose
de trois idées d'emprunt qu'il fait incessamment
tourner dans un kaléidoscope : qu'est-ce que tout
cela ? Des variations à perte de vue sur un même
motif, l'art de faire une perruque avec un cheveu,
de se drapper avec une ficelle, le mécanisme du
componium appliqué à la parole. Ainsi repré-
sentait-il la manière de Cousin, qu'il nommait
une agréable crécelle pour les vides amateurs du

vide euphonique. Il disait de M. Guizot : c'est une massue ou plutôt une lourde calebasse pleine de bile : son discours m'irrite et m'assomme ; et il caractérisait ainsi son érudition : *des faits entortillés dans un écheveau de fil embrouillé, ou des fagots mal liés, coupés dans la grande forêt de l'histoire.* Dès que les Saints-Simoniens parurent, il fit d'eux cette appréciation : — Ce sont les alchimistes de l'économie sociale, fourbes ou fous, comme toujours, les premiers exploiteront la crédulité des seconds.

Rabbe ne se livrait pas exclusivement à ce dénigrement impitoyable : il y avait de nobles caractères qu'il respectait, de grands talens auxquels il payait un juste tribut d'éloges, et quoique dévoré d'envie lorsqu'il voyait prospérer au-dessus de lui des médiocrités qui étaient au-dessous de son niveau, il cédait à un facile enthousiasme, toutes les fois qu'il lui semblait reconnaître quelque sublime manifestation du génie ; c'est ainsi qu'il professait une grande admiration pour Béranger, pour Châteaubriand, pour Victor Hugo, dont il était l'ami, et que jusqu'à sa mort il resta fidèle à ce sentiment qu'il regardait comme un présage de celui de la Postérité.

Pendant que Rabbe travaillait à l'*Album*, un conseiller à la Cour royale de Paris hantait le bureau de ce journal avec une régularité quasi-quotidienne. Il s'y rendait bien sournoisement et en cachant son visage. Mais une fois là, il se démasquait : mes jeunes démocrates, leur disait-il, car je ne vous

fais pas l'injure de croire, qu'avec vos lumières,
vous soyez monarchiens, il faut pousser à la République: c'est la République que vous voulez, nous
la voulons tous et nous l'aurons. Notre magistrat
patriote était tout rond, tout franc; il n'y allait
pas par quatre chemins, et les jeunes gens étaient
tout ébahis de la netteté de sa harangue. La République!... ils n'auraient encore osé porter leurs
vues jusque-là, et Rabbe objectait que le gouvernement constitutionnel représentatif, avec un roi,
était une suffisante garantie d'ordre et de liberté.
Cependant le conseiller niait la proposition comme
l'eût fait un excellent jacobin, et tout en déclamant
contre la royauté, principe d'une immense cor-
ruption, il tirait de sa poche son petit article,
bien hardi, bien séditieux, mais très prudemment
libellé d'une autre écriture que la sienne. « Ah !
M. le conseiller, c'est trop fort; on ne saurait in-
sérer cela, vous nous feriez saisir; encore si vous
signiez ! — Vous n'y pensez pas, mes enfans, ma
position! » On discutait l'article, il passait; le rédacteur responsable était envoyé à Poissy avec les
voleurs, et le rédacteur marron, M. G.... de l'Ain,
ce faux bonhomme que Rabbe surnommait le plus
audacieux des poltrons anonymes, continuait de
s'asseoir sur les lys. Oh ! ce fut un beau temps d'espérances, que celui où l'Opposition nous conviait
à préparer avec elle le bonheur de la France ! Qu'il
y avait alors de braves gens ! mais depuis...........
n'ont-ils pas soigné les intérêts matériels du peuple ? Ils le disaient, ils le disent encore en se parant

des oripeaux d'une autre comédie. Heureux peuple,
toujours en spectacles ! Que de marionnettes ont
dansé, dansent et danseront encore devant toi !
Ah s'il ne te fallait pas payer les violons !.. Mais
tu les payes de si bonne grâce.

Ce fut à *l'Album* que Rabbe rencontra M. Alexis
Dumesnil avec qui il devait plus tard se lier d'une
étroite amitié. Si l'identité du but dans les passions
politiques fait naître l'intimité entre personnes de
caractères et de mœurs opposés, il n'est pas rare
non plus qu'en dépit de ces passions et de leur but
cette même intimité subsiste entre individus d'o-
pinions ou de partis contraires. Rabbe et M. Dumesnil ne tardèrent pas d'abord à se rapprocher ; mais
bientôt trompé par de faux rapports où Rabbe était
représenté sous le jour le plus odieux, M. Dumesnil,
qui unit à un talent sévère une austère et reli-
gieuse susceptibilité, crut qu'il était du devoir de
tout homme d'honneur de s'éloigner de lui et, en
cette occasion, il lui fit connaître les motifs de sa
conduite dans laquelle Rabbe vit mal à propos le
dessein de le perdre. La haine qu'ils portaient
tous deux au gouvernement qui avait déçu leur
attente aurait dû les attirer l'un vers l'autre, mais
les affinités qu'aurait produites ce sentiment, entre
ces âmes d'une trempe énergique, furent neutrali-
sées, d'une part, par des préventions, de l'autre par
l'irritation, résultant d'une censure publique
rigoureusement exercée.

Rabbe et M. Dumesnil se traitèrent en ennemis ;
si bien que des paroles on en vint aux actions. « Du-

mesnil a mérité toute ma haine, écrivait Rabbe à une tierce personne, car il m'a assassiné moralement autant qu'il était en lui ; et si j'avais voulu une vengeance certaine il n'existerait plus ; mais je ne cherche qu'à réparer mon honneur, et pour moi le courage n'est pas de la férocité. Je ne m'avancerai sur M. Dumesnil ni avec l'espoir de la victoire, ni avec le désir de son sang, il me suffira que le mien coule ; il me suffira, sans affecter le faste de l'intrépidité, que l'on sache que nul ne fait moins de cas de la vie. Du reste quoiqu'il arrive, je pardonne d'avance à M. Dumesnil, et suis disposé à ne pas exhaler de plainte, à mettre tout sur le compte de ma mauvaise destinée. Mais, pour Dieu, monsieur, mettez nous le pistolet à la main, et que ce soit aujourd'hui même, il y a bien tout le temps. »

Le duel eut lieu, et sous l'invocation de cette bravoure chevaleresque qui distinguait les deux adversaires, il fût accompagné de loyales explications dont l'effet fut de les concilier et de les porter à se vouer, sans arrière-pensée, un attachement qui ne devait plus se démentir, une amitié à l'épreuve du temps et des circonstances.

Rabbe a passé pour ce qu'on appelle *un mauvais coucheur*, on le disait d'une humeur intraitable ; la vérité est qu'il était ombrageux et défiant à l'excès : sans cesse il supposait que l'on nourrissait de fâcheuses pensées sur son compte ; à qui lui disait : *je viens de voir un de vos amis*, sa première question était toujours : *vous a-t-il parlé de moi*? La seconde : *que vous a-t-il dit ?* et pendant la réponse son regard acéré vous plongeait dans l'âme, vous investigant de partout, de manière à vous embarrasser si vous ne vous souciiez pas de lui faire un récit exact ; c'était une manière d'inquisiteur à la Zangiacomi, à la Chégarai, à la Martin du Nord ; je ne suis pas le seul sur qui il ait fait une expérience psycologique de ce genre.

Jamais il ne croyait que l'on pût avoir été ni que l'on put être bienveillant à son égard. Dans un salon, au foyer d'un théâtre, dans la rue, sur une place, au milieu d'une promenade publique, apperçevait-il deux personnes occupées à causer entr'elles, pour peu que leur vue s'égarât jusqu'à lui, il ne doutait pas qu'elles s'entretinssent à son sujet, et il croyait de sa dignité d'homme de les toiser avec cette fixité menaçante et insolemment provocatrice qui oblige les timides à s'écarter ; les pacifiques à détourner la tête, les querelleurs à demander raison.— Lorsque, disait-il, je marche dans la rue et que je vois venir à moi une jeune et jolie femme au bras d'un fringant cavalier, il est rare quand nous ne sommes plus qu'à quelques pas, qu'un mouvement de sa physionomie ne me révèle pas la nature de l'impression que je lui ai faite, ainsi que celle de l'observation dont je suis l'objet, aussitôt je lance au cavalier un de ces coups d'œil qui sont l'équivalent de *passez au large*, je l'enveloppe, je le perce, je le terrifie, je le contrains de baisser la vue ; il faut qu'il se détourne, il m'évite le *coïon* ou s'il ne le fait pas, je suis sûr qu'il va me lever son chapeau , alors la femme fait à part soi cette réflexion : *il n'est pas beau , mais c'est un bon b..gre.*

Ce qu'il racontait de la puissance de son œil était prodigieux , et en effet cet œil lorsqu'il s'animait, lorsque les lunettes vertes, derrière lesquelles il se tenait comme en embuscade, ne cachaient plus le vermillon de son éraillure, cet œil sans paupières , dès que rien n'interceptait plus ses feux, était le charbon ardent d'où jaillit l'étincelle. Cet œil qu'il comparait à celui du Basilic et souvent aussi à celui de l'aigle , lui valait , disait-il , le respect des hommes et enseignait aux femmes qu'il était capable de les faire respecter : il offrait à leur faiblesse l'attrait de cette virile protection que leur imagination, complice de leurs sens, poëtise souvent au-delà des avantages de la beauté. Telle était du moins sa persuasion , persuasion si grande qu'il ne balançait pas à donner à entendre que malgré les très disgracieuses avaries de sa figure, s'il avait voulu se mettre en frais de galanterie, il aurait dépendu de lui de grossir la liste des hommes à bonnes fortunes ; je ne répondrais pas qu'il s'abusât : mâle ou femelle la nature humaine est si bizarre !

Quelques uns de ces poltrons toujours prêts à se scandaliser du courage d'autrui, parce qu'il peut devenir le châtiment de leurs iniquités, avaient fait à Rabbe un renom de spadassin ; mais Alphonse Rabbe n'était que brave et quand son honneur ou celui de son parti n'était pas attaqué, il ne se refusait pas ordinairement à une raisonnable conciliation. Je sais bien qu'il parlait fréquemment de son adresse à l'escrime , de son jeu serré , de son bras de fer, de la volubilité de sa canne dont le moulinet rapide, éblouissant dessinait un disque non interrompu ; je sais qu'il avait deux ou trois épées de combat, des fleurets, des plastrons, des masques, des gants, un jonc de mesure armé du plomb fatal, enfin tout l'attirail d'un maître en fait d'armes tranchantes et contendantes, mais il n'était ni bonne lame, ni bâtoniste distingué , et; sauf l'impétuosité, il ne brillait pas plus à la riposte qu'à la parade : il dut s'en apercevoir aux vigoureux horions, que nonobstant sa défensive, lui distribuèrent un soir à l'un des coins de la rue des Marais-St.-Germain ; deux commissionnaires auvergnats à qui il avait fait une menace de grand seigneur. Et puis il n'allait pas de fois sur le terrain sans attraper quelqu'anicroche : dans une rencontre qu'il chercha avec l'intention de punir le vendeur des *tablettes historiques*, il reçut dans l'aisselle une blessure grave.—Que vouliez-vous que je fisse , disait-il, après l'évènement , ce petit b..... fondait sous mon fer ! il faisait des sauts de côté avec l'agilité d'un chamois.

Rabbe n'eut que trop tôt lieu de se repentir de ce zèle de puritain :" » soyez patriote , montrez vous désintéressé , s'écriait-il , duperie, pure duperie ! Le petit C.....nous a vendus à la liste civile, on n'ignore pas le marché et il n'en est pas moins bien venu qu'auparavant chez Benjamin Constant, chez Casimir Perrier, chez Foy et même chez Lafayette : si je l'avais tué je suis sûr qu'ils m'en voudraient tous pour les avoir privés d'un complaisant. »

Malgré son guignon habituel, Rabbe n'en était pas moins constamment disposé, je ne dirai pas à se faire couper la gorge à tout propos, mais à servir de son épée soit ses amis, soit la cause qu'il avait embrassée : plus d'un rédacteur du *Drapeau blanc* et de la *Foudre* à l'époque des grandes furibonderies royalistes a pâli en recevant de lui un cartel.

Mais cet amour du combat, qu'il proposait ou acceptait si volontiers, venait moins chez lui de quelqu'instinct sanguinaire que d'une soif inextinguible d'émotions : il aimait le duel comme il aimait le jeu, parce que le hasard s'y balance entre *rouge* et *noire* et il aurait renoncé à l'un comme à l'autre, s'il n'eut pas cru à quelque chance en sa faveur. Malheusement; il n'aimait pas le duel pour lui seul, et l'un de ses grands bonheurs était d'animer l'un contre l'autre deux jeunes gens qui ne s'étaient jamais battus, de leur mettre l'épée ou le pistolet à la main, et de s'établir juge du camp; c'était, moins le motif, l'amusement de ces fricoteurs de caserne qui se font un jeu d'exciter entre deux conscrits une querelle qu'ils arrangent ensuite à la cantine. Son but à lui était d'avoir le spectacle de la bravoure inexperte ou de la lâcheté poussée dans ses derniers retranchemens ; dans le premier cas, une égratignure le satisfaisait, dans le second il voulait qu'il y eut des soufflets de donnés, et s'il

y avait couardise de part et d'autre il se chargeait
de les distribuer ; plusieurs fois il se procura dans
sa chambre même ce plaisir de barbare avec toutes ses variantes. C'était ce qu'il appelait ses com-
bats de coqs, ou ses batailles de roquets.

Il voulut lancer ainsi dans son arène ce pauvre
Achille Roche dont la naïveté et le courage ne pouvaient être surpassés que par son excessive maladres-
se, mais Roche ne put se résoudre à devenir le jouet
de cet artisan de bisbille : il se fâcha, —allons donc,
vous êtes un enfant, lui répliqua Rabbe, opposant
une cruelle ironie à l'essor plein de franchise de
cette âme candide et bonne qu'il avait blessée. Roche
le traita de lâche, et Rabbe continuant de tourner
en plaisanterie cette juste indignation, lui refusa
comme à un trop puéril adversaire la satisfaction
qu'il réclamait.

Dès ce moment Achille Roche fut l'ennemi de
Rabbe, en homme de cœur, il devait l'être, mais
Rabbe devint aussi l'ennemi de Roche, et pour lui
porter les coups les plus sensibles, il chercha à jeter le trouble dans son ménage: il calomnia la
femme, afin de nâvrer le mari, il la calomnia en
se donnant pour son séducteur perfide à qui il n'a-
vait manqué que la volonté d'être heureux. Malheur à la femme à qui il avait parlé seulement une
fois ! Malheur à celle qui par pitié lui avait seulement accordé un sourire ! Malheur au mari, à l'a-
mant jaloux qui ne se défiait pas des confidences
d'un ami si dangereux ! Dans toute société où il
était introduit, dans toute maison où il venait ha-

biter, il était rare qu'il n'amenât pas avec lui la discorde. Sa manie était de faire des propos : le *can-can* qu'il semblait détester faisait ses délices, il était médisant et petite ville en diable ; on le voyait tracassier et commère comme la plus étroite localité provençale : il aurait volontiers fait battre quatre montagnes, pourtant il était plus méchant en parole qu'en réalité, et lui racontait-on quelque grave accident dont aurait été victime la personne qu'il ménageait le moins, il en était visiblement touché et sa compassion alors n'était pas de l'hypocrisie. Il pleurait au récit d'une grande infortune, à celui d'une horrible souffrance. Le récit d'une bonne action faisait aussi couler ses larmes, et s'il rencontrait la misère en son chemin, il fallait que sa bourse fut bien peu garnie s'il n'en tirait pas quelque pièce pour la soulager ; à la porte d'une maison de jeu, où il allait entrer l'aumône était plus forte, c'est que là la charité du joueur est un pacte avec la Fortune.

Personne n'était plus avide de louanges que Rabbe, aussi avait-il soin de s'entourer d'un cercle de jeunes gens qu'il exerçait à l'admirer : devant eux il se plaçait sur un piédestal, il se posait en grand homme, dont le mérite, peut-être ignoré du vulgaire, n'échappait pas à d'illustres intimités. Alors à son insu, emporté par la fougue de sa vanité, il se montrait aristocrate dans ses joies et dans ses dires : la circonstance d'un équipage armorié qui s'était arrêté à sa porte, d'un grand seigneur qui était venu le visiter dans son galetas, n'était ja-

mais omise dans sa conversation. Quand le baron
Gérard avait accepté son modeste dîner, il fallait
que tout le monde sut qu'ils avaient mangé ensemble la grillade homérique (rosbiff) arrosé des
libations d'un vin généreux.... L'artiste célèbre
avait voulu s'éclairer des conseils du grand critique, car il est bon de savoir qu'à force de tourner
autour du *Courrier*, grâce à l'obligeance de l'excellent et spirituel Châtelain qui, à cette époque était
le rédacteur en chef de ce journal, Rabbe y avait
été admis pour rendre compte du salon; il y fut
en titre critique de l'art représentatif des belles
formes qu'il représentait si mal, mais c'est chose
convenue en ce monde: tout méchant avocat se fait
juge! Rabbe fit l'article de complaisance pour quelques unes de ces grandes renommées viagères qui
travaillent elles-mêmes leurs succès, il fit aussi l'article vénal ou l'article du petit cadeau; il avait de
si grands besoins!

Son ambition était de faire tourner la critique
de l'art, à l'histoire et à la politique ou tout au
moins à la philosophie voltairienne, vieillerie du
dix-huitième siècle que l'urgence de repousser une
autre vieillerie, les cagoteries de la restauration,
avait tout-à-coup remis en honneur; il tâchait ainsi
de franchir les limites de la spécialité qui lui
avait été assignée. Ce goût d'excentricité valut au
Courrier français un procès qu'il gagna. Rabbe ne
fut pas mis en cause; il aurait bien voulu se nom-
mer et paraître en personne devant les magistrats
de la Congrégation, mais son visage dévasté, l'em-

pêcha de céder à ce désir. Ce visage était pour lui une contrariété de tous les instans, c'était lui qui le rendait attrabilaire, hargneux et quinteux comme un mauvais malade. Ce visage mettait en fuite les femmes; même celles que l'or à la main, avec sa salacité hircique et ses appétences de satyre, il poursuivait quotidiennement à l'heure de leur croisière, le long de l'immense grille du Carouzel, car, dans le jour, le *Theriaki* brûlait de réaliser avec des houris terrestres ces voluptueux songes de la nuit que lui avait procurés l'opium. Rabbe pourtant avait sa ménagère; Adélaïde, jeune, bonne et franche picarde qui avait échangé chez lui sa jupe de calmande et son corset de ratine contre la robe de soie, et sa grosse fraîcheur villageoise contre le teint maladif et empoisonné de la grande ville, Adélaïde pauvre blonde dont il faisait son souffre douleur, Adélaïde qui l'aimait, au point qu'elle se mourait de jalousie, Adélaïde qui pour lui se serait jetée dans le feu, car il l'avait fanatisée de lui-même, car il était son Dieu, bien qu'elle eut une autre religion;—chut! parlons bas, Adélaïde pourrait nous entendre disait Rabbe, lorsque quelqu'esprit fort s'avisait de déduire dans la conversation les motifs de son incrédulité, si Adélaïde n'avait plus le frein d'une croyance peut-être me volerait-elle. Aussi fêtes et dimanches avait-il grand soin de l'envoyer à la messe, lui prescrivant un catholicisme à sa convenance, un catholicisme, moins le sacrement de mariage, la chasteté et l'approche du confessionnal...

Cette pauvre Adélaïde, dont la passive obéissance était une de ses joies, s'imaginait ainsi faire son salut. Elle avait au fond de l'âme un désir bien ardent, un désir mille fois plus vif encore que le souci de son avenir qui l'occupait quelque fois : elle aurait souhaité vivre et mourir, l'épouse de son bien-aimé. Cette pensée unie à d'autres causes honteuses que Rabbe aurait pu s'avouer comme des remords, ruina promptement sa santé. Adélaïde comme toutes les personnes mélancoliques et souffrantes, aimait les fleurs avec passion ; mais les dernières qu'elle vît éclore furent celles du printemps de 1828. Elle était agonisante lorsque Rabbe jetait de la sorte, sur quelques feuillets intimes, ces douloureuses expressions : « J'ai tant souffert en ma vie, j'ai eu pour ma part d'épreuves tant de peines physiques et morales, que les deux sentimens que le souvenir du passé laissait dominer dans mon âme, étaient d'abord celui d'une certaine honte de vivre encore et puis celui de je sais quel vague espoir de sécurité pour l'avenir.

Au milieu des plus beaux jours de la jeunesse, je ne sais quoi de funeste et de triste était enfoncé au plus profond de mon cœur, comme une épine insaisissable, et il me prenait quelquefois des battemens précipités des artères avec un secret effroi de l'avenir, comme si, je ne sais qu'elle puissance distincte, mettait en moi la prévision confuse des maux que me réservait cet avenir. Or, depuis tous mes malheurs ce symptôme effrayant et que j'ai dû regarder comme un phénomène tout particulier à mon organisation, avait complétement disparu, et j'en tirais la conséquence que j'avais achevé mon calice et qu'il ne me restait plus qu'à marcher dans une vie sèche et terne, mais tranquille, et qu'ayant renoncé à tout ce que recherchent les hommes au prix de tant d'agitation, je trouverais du moins le repos. . . . Voilà donc le nœud de cette histoire dont le dénouement est si affreux pour moi : si j'avais pu lui constituer seulement une rente au capital de dix mille francs ; si j'avais eu dix mille francs, elle ne serait pas morte et je ne serais pas le plus infortuné des hommes !

Vraiment la vie m'est à charge ; je vais l'ensevelir et puis je trouverai bien une épée et un homme qui se chargeront de m'ouvrir le sein et de me débarrasser de ce sang épuisé et aigri dont je n'ai plus que faire.

Mais combien je me reproche amèrement d'avoir si souvent fait couler ses larmes et brisé son cœur par de durs reproches ou d'humilians refus. Ah ! quand ses pleurs coulaient, quand ses sanglots déchiraient mon âme, je pressentais bien que plus tard ils retentiraient encore plus douloureusement à mon oreille : le chagrin a miné sa fragile constitution, le chagrin l'a tuée ; voilà ce que je ne puis me dissimuler. Au moment ou j'écris; dans l'égarement de ses idées, elle demande un anneau à toutes les personnes qu'elle voit, et moi seul je comprends par quelle liaison d'idées cette demande d'un anneau se rattache à son idée fixe , à l'idée dominante de toute sa vie. Depuis quatre ans elle voulait absolument avoir cette bague ronde , que je porte moi-même et qui est l'anneau nuptial de ma mère. Mon frère me l'a donné, il y a bientôt six ans, lorsque sortant des prisons de Grenoble je revins à Aix.

MORTE CE SOIR I I MAI A IO HEURES MOINS UN QUART.

Rabbe se couvrit de deuil des pieds à la tête , il pleura, il gémit : sauf l'épée et l'homme qui devaient se charger de lui ouvrir le sein, son regret devait être éternel. Mais qui peut répondre de la constance des sentimens d'un *Tériaki* ? aujourd'hui l'opium dit noir, demain il dira blanc , son influence est si variable, son action sur le cerveau si changeante dans ses effets. Dès le 17 mai, juste cinq jours après que la tombe d'Adélaïde s'était fermée, Rabbe s'adressant à une de ces femmes dont l'office, moyennant salaire , est d'amener à tout mortel ennuyé la compagne qui doit le soulager du poids , de son isolement lui écrivit :

Madame ,

» En vous demandant hier une jeune personne de 16 à 18 ans, que je désirerais avoir en qualité de gouvernante, je ne me suis peut-être pas expliqué avec assez d'étendue sur les qualités que je veux trouver en elle ; et pour vous épargner des recherches qui ne rempliraient pas mon but , je vais entrer dans quelques détails.

Je ne parle pas du physique, il est bien entendu

que vous ne m'enverrez qu'une personne d'un exté-
rieur agréable ; mais je tiens surtout à une grande
douceur de caractère. Je veux qu'elle sache lire et
écrire, en un mot, qu'elle ait un commencement d'é-
ducation qui me permette de développer son esprit,
si je trouve en elle quelques dispositions naturelles.

Voici mon histoire, madame, que je veux vous
faire connaître afin que la personne qui se décide-
rait à entrer chez moi sache ce qu'elle pourrait
espérer.

Je viens d'avoir le malheur de perdre une jeune
personne âgée de vingt-quatre ans, et que j'avais
prise à l'âge de dix-neuf. Elle est morte d'une maladie de poitrine contre laquelle tous les secours
de l'art ont été impuissans, et l'opinion des
médecins est que sans les soins que je lui ai prodi-
gués, sa carrière aurait été plus courte encore de
deux ou trois ans. Elle était entrée chez moi comme
domestique, et pendant un an elle avait rempli
toutes les fonctions de cet état ; mais depuis, satis-
fait de sa conduite, de son attachement et de ses
qualités, j'avais complétement changé sa position :
elle ne servait plus, elle était servie ; et sans être
ma femme, elle jouissait de tous les *droits* attachés
à ce titre. Je ne sais même jusqu'où j'aurais pu aller
pour elle, si je n'avais eu le malheur de la perdre.

Je ne suis nullement riche, mais j'ai de l'aisance.

J'ai quarante ans, aucune infirmité, mais vous
m'avez vu, je suis fort laid et il importe d'insister
là dessus.

Revenons au sujet que je désire : il faut qu'elle

soit bien , de plus qu'elle soit capable d'ordre et d'économie , qu'elle entende un peu la cuisine , et ne soit point étrangère aux travaux de l'aiguille.

Si vous pouvez , Madame, me procurer le sujet que je demande, je ne m'en tiendrai pas, pour vous remercier, à la simple rétribution que vous seriez en droit d'exiger.

Depuis la vaccine , la condition d'une jeune fille qui n'a que sa beauté et une brillante éducation est si misérable dans Paris, que Rabbe , pour son malheur, rencontra mieux encore qu'il n'osait espérer. Elle était jolie, elle avait été élevée pour être riche et, elle venait à peine d'avoir ses quinze ans, celle qui lui échut. De suite il se sentit épris d'amour pour elle et sans qu'elle fut sa femme , il l'appela immédiatement à jouir de tous les droits attachés à ce titre. Quels droits ! On ne peut y songer sans se rappeler aussitôt cette carricature de Charlet , où le caporal révèle si plaisamment au conscrit tout le bonheur de la caserne : « *Vois-tu, Pacod, tu as le droit de faire la corvée,* mais ce qu'il y a de plus étrange, c'est que cette ravissante occasion de quinze ans ne s'en tint pas, suivant l'usage, à estimer son bienfaiteur : ni plus ni moins qu'Adélaïde elle l'adorait. Etre adoré de sa femme , est peut-être un privilège du Tériaki , et il l'adorait pareillement, si bien que rien ne lui coûtait pour lui plaire et pour la parer , et que pour pourvoir à tant de besoins nouveaux que créait autour de lui cette récente association , force lui fut d'aviser à battre monnaie. Le *Courrier Français* auquel hors le temps du salon, il ne donnait que quelques rares articles, n'était pas une inépuisable ressource : la nouvelle *Biographie des Contemporains*, dont il avait la direction, n'était pas non plus indéfiniment productive, quoiqu'il ne lui répugnât pas de tirer quelque profit de son défaut d'impartialité. Enfin il avait beau se mettre en quatre pour élever les recettes au niveau des dépenses, jamais il ne pouvait y parvenir ; cherchant à se multiplier comme historien il vendit une *Vie d'Alexandre* qu'il fit, ou plutôt qu'il calqua sur le travail d'un écrivain allemand ; Karamsin aidant, il se proposa aussi de composer une longue histoire de Russie. La Russie, tout ce qui était de ce vaste empire lui appartenait : il s'en était emparé ; et déjà même, après son résumé, il aurait regardé comme un insolent usurpateur quiconque eût entrepris de dire un mot des vicissitudes du vieux colosse moscovite. Rabbe ne touchait à rien sans rappeler par ses prétentions cette menaçante devise des anciens souverains de la Lombardie, quand ils posaient sur leur front la couronne de fer : *Guai a chi la tocca !* Il avait de cette façon pris possession du Portugal et de toutes les Espagnes sur lesquelles il étendait son sceptre absolu. Dans le même temps et à la même heure le soleil se couchait et se levait sur le double horizon de ses états ; défense à tout écrivain de franchir sans l'irriter les limites de cet immense domaine ; où le féodal Rabbe avait planté son donjon il ne fallait pas venir chasser, même à la plus longue distance, car le rayon de sa jalouse domination s'étendait à perte de vue. Supposait-il que l'on marchait sur ses brisées, et c'était une supposition qu'il était toujours prêt à faire, il se fâchait tout rouge : il criait comme un affamé a qui l'on arrache son pain. Il régnait sur les Espagnes : à ce titre lui seul avait le droit de parler de l'Inquisition, et il en avait projeté une histoire d'après lorente; à ce titre encore il revendiquait comme son apanage l'Histoire de l'Église, puis celle des Sectes, puis celle des Cultes, puis celle des Opinions philosophiques. Rabbe avait eu l'heureuse idée de faire une Histoire populaire de Napoléon, dans le genre de celle de Charles XII par Voltaire : il reçut pour ce labeur une avance de douze mille francs, et ne trouva que le temps d'en écrire douze feuillets. Chaque jour il courait à de nouveaux engagemens avec les libraires, qu'il obligeait à se saigner pour lui. A la fin, obéré, criblé de dettes, ayant contracté plus de marchés qu'il ne pouvait en remplir, eût-il vécu plus que Fontenelle et Voisenon, les deux Mathusalem de notre littérature, il prit le parti de terminer sa carrière par le suicide, qu'il avait dès long-temps prévu devoir être son fait….. Sa mort fut celle d'un *Tériaki* qui a voulu ensevelir sa vie dans les songes de l'opium. Le 31 décembre 1829 il dormit le long somme : il était temps, car il n'aurait guère tardé à fournir la matière d'un chapitre à ajouter au livre de *Infelicitate Litteratorum*. Il y eut pour le convoyer à sa dernière demeure un cortége assez nombreux d'amis et de jeunes gens des deux Écoles de droit et de médecine. *Le Courrier, le Constitutionnel* et *le National*, qui ne faisait que de naître, jetèrent quelques fleurs sur sa tombe. Rabbe laissa de vifs regrets et un grand vide parmi les habitués du café Procope et du cabinet de lecture de la rue Jacob : là étaient ses galeries de prédilection ; chaque soir il y venait mendier des éloges auxquels il avait ensuite la faiblesse de croire. Chaque soir il était heureux en alternant du punch au café et du café au punch, afin de se fouetter le sang, de débiter, en présence d'une foule d'étudians qui l'écoutaient comme un oracle, le clinquant qu'il avait amassé dans la journée pour faire les frais de la conversation : c'était pour lui un indicible plaisir de les primer de ses quarante-cinq ans, de son élocution facile, de ses aventures politiques et autres, et de sa constante énergie, que, à l'entendre, toutes les vigueurs possibles servaient à souhait ; et en effet, quand ce visage sur lequel, selon son expression, était tombée une avalanche, quand ce visage, dis-je, s'empourprait de cette ardeur fébrile qui pousse à la faconde, on pouvait croire qu'il lui restait encore une raisonnable dose de force et de santé ; mais il ne fallait pas aller chez lui le matin, car s'il vous arrivait de sonner à sa porte pendant que Adélaïde était descendue auprès de la laitière, et que lui, s'échappant de son lit, vint vous ouvrir avec sa vieille redingote collée sur les flancs de son squelette, les attaches de son caleçon pendantes sur les tibias, sa chemise débraillée, son front recou-

vert du foulard éfrangé , débordant en lambeaux
sous la visière informe d'une casquette de drap , à
son teint plutôt livide que décoloré, à tout ce nud
d'os et de parchemin , il ne vous semblait plus voir
un être vivant , mais un pendu qui s'était détaché
de son gibet.

Vulnérable en plus d'un point , Rabbe avait plus
de motifs qu'un autre d'être sans cesse sur le qui-
vive : un jour il se brouilla avec un éditeur , parce
que dans le contrat d'un marché , il y avait une
clause qui commençait par ces mots : *M. Rabbe
néanmoins ;* il s'imagina qu'on avait voulu faire le
calembourg , il déchira l'acte en disant que néanmoins n'était pas français. Il en voulait à la
mort à l'un de nos plus spirituels feuilletonistes ,
parce qu'après avoir lu dans l'*Album* un de ses articles , il avait dit : *c'est du Rabelais* (Rabbe laid),
il se vengea de cette mauvaise plaisanterie , en ac-
cusant son auteur de lui avoir volé le manuscrit
d'un roman , *la Sœur grise* , qu'il prétendait avoir
achevé et dont il avait écrit à peine quelques chapitres. Rabbe vous avait-il pris en inimitié , tout
aussitôt vous deveniez un voleur , un assassin , un...
il vous traitait comme feu M. Arrouet traitait les
Nonotte , les Desfontaines et les Fréron : on pouvait penser que c'était là de la calomnie , mais ce
n'était que des injures , un reste des habitudes pro-
vençales , telles qu'on peut les observer sur le port
de Marseille ou à la foire de Tarascon. Sous ce rapport et sous beaucoup d'autres , il était bien de son

pays. Personne n'avait plus que lui le goût de l'extraordinaire et de tout ce qui se présentait comme une dissonnance au milieu de l'harmonie sociale : vous étiez sûr de le captiver en lui contant des histoires de bandits, des crimes d'une étonnante perversité ; alors il scrutait vos regards, il interrogeait votre physionomie pour voir si vous ne seriez pas l'auteur ou le complice de quelques-unes de ces atrocités dont le récit le charmait. Quand il essaya de composer des romans, ce fut toujours des brigands qu'il mit en scène : mais les présentait sans aucun naturel, il les agençait sans vraisemblance. Quoique dans son ambition il n'eût pas été éloigné d'intriguer pour lui-même, si son caractère haineux lui eût permis d'être un homme de coterie, il ne comprenait pas plus l'intrigue d'un roman que l'intrigue de la vie, ou la vie d'intrigue : invention, nœud, liaison, drame et couleur, tout lui manquait ; un séminariste n'aurait pas été plus pauvre de ce que donnent le frottement du monde et l'esprit d'observation. Dans son imagination intermittente, il n'y avait, comme au sein du désert, que des oasis. J'ai lu deux de ces ébauches informes, qu'il qualifiait de romans ; il les regardait comme des œuvres parfaites, et la crainte seule de nuire à sa réputation d'historien l'avait empêché de les publier, malgré les encouragemens, sans doute, peu sincères de MM. Thiers et Mignet.

Je viens de raconter la vie de Rabbe comme je

pourrais raconter celle de cent autres qui ont été et qui sont encore des personnages plus ou moins marquans de la littérature, de la politique ou des arts, comme je voudrais que l'on racontât la mienne, si jamais il y avait utilité de le faire avec tous les détails de la vérité, sans ménagement, sans réticence et sans réserve. C'est ainsi seulement que je conçois l'importance d'une biographie, et sa valeur plus réelle que les lignes laudatives d'une épitaphe, ou les déifications pompeusement prononcées sur le bord de la fosse dans le champ du repos. Pour n'être pas une œuvre oiseuse, toute biographie doit être une justice que chacun de ceux qui se posent et se mettent en évidence puisse ou désirer ou redouter pour soi, suivant que ses actions sont bonnes ou mauvaises.

Si Dieu me prête vie, cette biographie si minutieusement tracée ne sera pas la dernière dans laquelle je dirai tout ce que je sais et tout ce que l'on peut savoir sur quelques hommes que j'ai vus comme s'ils avaient habité dans une maison de verre. Cette fois la tâche a été pénible et difficile à remplir, car je suis obligé d'avouer que je fus un ami de Rabbe. Je me plais à penser qu'à une autre époque nous fussions restés étrangers l'un à l'autre ; mais, dans des temps politiques, l'homme de parti, qui n'est pas ordinairement l'homme sage, s'attache à l'homme de son parti, et quelque soient les dissemblances d'humeur, de caractère et de conduite, entre ceux qui combattent pour les mêmes opinions, la confraternité est inévitable.

Rabbe fut peut-être , avec plus de courage que la plupart des notabilités libérales sous les deux règnes de la restauration , un des promoteurs de ce sentimentalisme patriotique qui , sans principes pour préparer l'avenir , se rébellionnait constitutionnellement contre la résurrection d'un passé condamné et mis à mort par la révolution de 1789; lui, du moins, pouvait frapper et s'exposer à être frappé; il pouvait être séïde et martyr : dans une grande occasion, dans une conjoncture critique, il devait être compté parmi ces êtres rares et précieux qui n'hésitent pas trop à attacher le grelot. Il l'aurait attaché au moment de la discussion sur *la loi d'amour,* si les meneurs de l'opposition d'alors eussent permis à un obscur soldat, enrôlé sous leur bannière, d'aller droit au péril qu'ils ne voulaient pas affronter. Cette lettre qu'il adressa au *Courrier* en est la preuve : « Monsieur , y est-il dit , la loi qui vient d'être enlevée au pas de charge par la majorité de la chambre, assimilant les écrivains qui pourraient encourir des condamnations judiciaires aux plus vils brigands , rebut de la société , établit qu'ils subiront la peine des travaux forcés , dans une maison de correction , conformément à l'article 40 du code pénal. L'indignation publique a déjà fait justice de cette odieuse égalité d'infamie , de cette épouvantable disposition soi-disant législative , qui tend à reproduire le supplice de *Magalon* dans la personne de tous les écrivains qui auront le malheur de subir des arrêts de condamnation. Eh bien !

aux hommes de lettres qu'on outrage, à tous ceux du moins qui comprennent la dignité de cette profession, qu'il soient obscurs ou célèbres, il reste quelque chose à faire. Nous déclarons donc, en protestant contre cette disposition atroce, qu'elle ne sera jamais exécutée, *quant à nous* ; que nous ne reconnaîtrons jamais à aucune loi ni à aucun homme, le droit de nous infliger pour des délits de la presse, des peines de galériens, et nous osons porter à M. le garde-des-sceaux Peyronnet, le défi le plus formel de rendre jamais cette loi exécutable à notre égard. Nous déclarons enfin, qu'en résistant par tous les moyens possibles à l'accomplissement d'une mesure aussi odieusement tyrannique, nous croirons n'être encore que sur le terrain de la défense légale.

Signé, Alph. Rabbe, L'héritier de l'Ain, A. Carrel, C. A. V. de Boisjoslin, Méry, Barthélemy.

Après avoir payé le tribut de son dévouement à la quasi-légitimité, de Boisjoslin est allé dans ce monde qu'on oublie, rejoindre Rabbe à qui il avait succédé dans la direction de la *Nouvelle Biographie des Contemporains* ; Méry et Barthélemy s'abandonnant aux dangereuses séductions du tapis vert, et passant à l'ennemi avec armes et bagages, ont fait feu sur les rangs dont ils étaient sortis ; Armand Carrel, en suivant, au contraire, invariablement la ligne qu'il s'était tracée, est devenue une renommée fondée sur l'estime d'un beau talent et d'un beau caractère. Quant à moi, fidèle à mon indépendance et à ma nullité, je continue de vieillir et de me perdre dans la foule en attendant du progrès de la raison humaine, l'idée encore inconnue dont la réalisation sauvera la société. Que serait aujourd'hui Rabbe? Une de ses lettres nous apprend qu'il était, *spéculativement parlant*, *plutôt républicain que monarchiste*; sans doute que pratiquement parlant, il se fut montré plutôt monarchiste que républicain, c'est ce qu'il faut conclure de la complaisance avec laquelle il servit des projets conçus en haut lieu en imprimant, sans changement, dans la Biographie qu'il dirigeait, les articles d'*Orléans* et *Dumouriez*, qu'il s'était laissé communiquer à la manière de L'Arétin et de Paul-Jove que les princes de leur temps n'attachaient qu'avec des chaînes d'or.

Présentement il me reste à dire avec brièveté ce qu'est le recueil posthume auquel cette notice sert d'introduction : ce sont les contradictions et les inconséquences d'un *Tériaki*, qui quelquefois écrit éveillé et quelquefois aussi dans l'état de somnambulisme : il est athée, il est déiste; il est spiritualiste, il est sensualiste; il est sceptique; il est croyant; il nie les principes de la morale et il leur rend un éclatant hommage; il est démocrate, il est royaliste; il est social, il est anti-social; il prêche le suicide et il le condamne. Poison et contre-poison, voilà le livre;

c'était aussi l'homme, un fatal mélange de mal et de bien. Mais il était malade : indulgence d'ailleurs au pauvre *tériaki* ! Il y a deux âmes, deux esprits et deux corps dans un mangeur d'opium ; n'est-ce pas dans l'Orient que furent inventés Arimane et Oromase ?

www.ingramcontent.com/pod-product-compliance
Lightning Source LLC
Chambersburg PA
CBHW060827250626
47162CB00005B/1968